A escrita da clínica
psicanálise com crianças

Tânia Ferreira

A escrita da clínica
psicanálise com crianças

3ª edição | 4ª reimpressão
Revisada e ampliada

autêntica

Copyright © 1999 Tânia Ferreira

Todos os direitos reservados pela Autêntica Editora Ltda. Nenhuma parte desta publicação poderá ser reproduzida, seja por meios mecânicos, eletrônicos, seja via cópia xerográfica, sem a autorização prévia da Editora.

EDITORAS RESPONSÁVEIS
Rejane Dias
Cecília Martins

REVISÃO
Lívia Martins
Roberto Arreguy Maia

CAPA
Alberto Bittencourt
(sobre imagem de Arcangelo Ianelli; Retrato de Kátia, *de 1956)*

DIAGRAMAÇÃO
Waldênia Alvarenga

Dados Internacionais de Catalogação na Publicação (CIP)
Câmara Brasileira do Livro, SP, Brasil

Ferreira, Tânia
  A escrita da clínica : psicanálise com crianças / Tânia Ferreira. -- 3. ed. rev. e ampl.; 4. reimp. -- Belo Horizonte : Autêntica, 2023.

  ISBN 978-85-513-0116-6

  1. Psicanálise infantil I. Título.

16-08012   CDD-618.928917
                                   NLM-WS 350

Índices para catálogo sistemático:
1. Psicanálise infantil : Medicina 618.928917

Belo Horizonte
Rua Carlos Turner, 420
Silveira . 31140-520
Belo Horizonte . MG
Tel.: (55 31) 3465 4500

São Paulo
Av. Paulista, 2.073, Conjunto Nacional
Horsa I . Sala 309 . Bela Vista
01311-940 . São Paulo . SP
Tel.: (55 11) 3034 4468

www.grupoautentica.com.br
SAC: atendimentoleitor@grupoautentica.com.br

*Aos meus pais, que abriram para mim os primeiros espaços
de possibilidades, em especial, minha mãe, que se alegrava
tanto com minha escrita...
A Lorraine, com quem aprendi muito sobre a infância,
sobre uma criança, em especial, sobre a mãe.*

Um livro pode valer pelo muito que nele não deveu caber.
Guimarães Rosa

Agradecimentos

Um livro é sempre um texto partilhado. É impossível construí-lo sem ter dividido as delícias e as dificuldades no percurso de escrita. É hora então de agradecer àqueles que diretamente partilharam seu movimento.

Agradeço a cada um que tornou possível esse trabalho. A Oscar Cirino, leitor e interlocutor ético e incentivador. A Elisandra, pela preciosa ajuda com o material do livro. Às crianças, minhas pacientes que me instigaram a escrever. Aos meus alunos e supervisionandos, cuja curiosidade e compromisso com a clínica sempre me ajudaram a formalizá-la. A Ana Senra, pela sua releitura e presença no livro e na vida. Agradeço também àqueles que, com sua escuta atenta e sua presença ética, possibilitam a passagem da voz à letra – o trabalho de escritura.

Sumário

13 Prefácio à terceira edição revisada e ampliada

17 Prefácio à segunda edição

19 Prefácio à primeira edição

23 Apresentação

25 **As representações de criança e a direção do tratamento**
- 25 As armadilhas da língua
- 27 O interesse tardio pelas crianças no Brasil
- 29 A lenta construção social da infância no Brasil
- 33 A produção da infância
- 36 O segredo dos adultos e a natureza especial da infância
- 41 Notas sobre a criança brasileira de nossos dias – A idade mídia: seres em suspensão?
- 46 As representações de criança e a direção do tratamento
- 51 Freud e a criança
- 61 A lógica do sujeito e a condição de criança

67 **As estruturas clínicas**
- 67 A neurose da criança não existe para a psiquiatria
- 69 A neurose infantil e a neurose da criança
- 75 A clínica das neuroses – inibições, sintomas e angústia
- 76 O sintoma – um modo de resposta...
- 82 A angústia sinal e o desenvolvimento da angústia
- 85 Freud, a angústia e a clínica

91 **O brincar e sua função na estrutura**
- 92 O jogo do *nonsense*
- 93 O jogo infantil e a criação poética
- 94 O jogo e a palavra

96 O jogo e a pulsão
98 Da clínica de brinquedo à função do brincar na clínica com crianças
101 O sujeito autista e o sujeito psicótico – outras vicissitudes do brincar?

103 Os riscos do desenho na clínica com crianças

103 Desenho e interpretação
106 Desenho – estilo e escritura

111 A posição dos pais na psicanálise com crianças

111 Família: do que se trata?
112 As novas formas de estruturas familiares e o "estrutural da família"
119 Família: por que tratar?
124 Da posição dos pais e cuidadores na psicanálise com crianças
125 A presença dos pais e sua especificidade na psicanálise com crianças
132 A posição dos pais na clínica com crianças autistas e psicóticas
134 Os pais na clínica com crianças neuróticas – uma relação de extimidade

139 Demanda social e clínica

142 A criança na lógica antimanicomial
145 A demanda escolar – quando avaliar?
147 Freud, a criança e a relação ao saber

151 Bibliografia

Prefácio à terceira edição revisada e ampliada

A clínica continua a suscitar enigmas, exigir trabalho, formalizações, pesquisas. Aqui estou, respondendo a essas exigências éticas.

Sigo o trabalho de transmissão na universidade, também em cursos de especialização e pós-graduação – mestrado e doutorado[1] de profissionais de diversas áreas, além de supervisões clínico-institucionais e atividades de formação de profissionais em Residências Multiprofissionais, serviços públicos de Atenção em Saúde Mental a crianças e adolescentes (CAPSis, CERSAMIs, UBS), entre outros serviços. Isso somado à minha clínica particular – principal esteio das questões que me colocam em trabalho de escrita.

Ao lado disso, a constante procura por este livro, e, especialmente os comentários de colegas que o "adotam" em seus cursos, dos leitores atentos, fizeram com que eu me dispusesse a revisar e a ampliar este trabalho.

Confesso que não é tarefa fácil... Manter o que foi escrito, aceitar os pontos de tropeço do texto, andar um pouco mais, revisar, reavisar exige muito do autor. Assim, mais que responder a uma demanda – que acolhi – é em nome do desejo de seguir contribuindo com a formação e com a transmissão da psicanálise que realizei este trabalho.

Reescrever é, sobretudo, acolher as falhas, rasuras, dificuldades. A escrita põe em questão muitas premissas e saberes já dados, interroga, faz pensar, avançar, elaborar.

---

[1] Tenho oferecido disciplinas no Programa de Pós-Graduação em Psicologia da FAFICH/UFMG, em minha Residência Pós-Doutoral (PNPD/CAPES) com a Profa. Dra. Ângela Maria Resende Vorcaro, a quem sou muita grata pela oportunidade de Ensino, Pesquisa e Extensão.

A clínica nos coloca em permanente trabalho. A escrita da clínica é escrita da escuta. Está aí, pois, em jogo, a escuta do texto com que se dialoga e a leitura das entrelinhas. Especialmente, está em relevo aqui a escrita da escuta de cada sujeito que se entrega a um tratamento psicanalítico.

Marilia Amorim,[2] ao se interrogar sobre a escrita de uma pesquisa, nos diz que, embora tratada como escrita dos "resultados da pesquisa", é ela própria, lugar de pesquisa, de descoberta e de produção de conhecimentos. Nessa mesma perspectiva, um livro também não se escreve como produto, resultado de elaborações, de pesquisa. Ele nada mais é que *o lócus* mesmo de interrogações, construções, desconstruções, descaminhos, pesquisas e formalizações e, mais especialmente, lugar de produção de saberes, por vezes, inéditos para o "escrevente". Esse é o fio com que se tece e se abre as questões deste livro.

Freud, em uma de suas cartas a Fliess, disse que "sempre se é filho da época em que se vive, mesmo naquilo que se considera ter de mais próprio" (MASSON, 1986, p. 278). Perguntamo-nos: quais e como são as infâncias, "filhas" de nossa época? E as crianças? De que estão sofrendo? Quais são suas perguntas, seus sintomas, suas perspectivas? E o que elas têm de mais próprio? Em que nos interrogam?

Arroyo (2008, p. 119-120) nos diz que "a infância interroga a pedagogia". Para ele, as ciências do humano também são interrogadas pelo protagonismo social da infância. Ele nos diz ainda que a pedagogia se repensará na medida em que estiver atenta "a como a infância experimenta seu viver". Para ele, "são tempos em que as experiências da infância, ou diríamos – das infâncias – são tão tensas e precarizadas que as verdades da pedagogia sobre si própria e sobre a infância, entram em choque".

Essas considerações de Miguel Arroyo podem ser estendidas à psicanálise. A psicanálise é interrogada pelas infâncias. A psicanálise é e deixa-se interrogar pela criança, por seu dizer, seu fazer e seu viver. Ao psicanalista cabe, incansavelmente, partir não de seu saber, mas do saber da criança que a ele se endereça; cabe, e sempre, suspender as evidências e se deixar conduzir pela escuta atenta à palavra da criança e àquilo que se constitui em andaimes de seu discurso: seu brincar, seu desenho, suas produções.

---

[2] Ver Amorim (2009).

Cabe também ao psicanalista não entrar na "série", fazer diferença, quiçá, fazer exceção – ser ao menos um que não... – que não lê moralmente as condutas e comportamentos da criança, mesmo os considerados "inadequados" por seus agentes de cuidado, tomando-os sempre como manifestações subjetivas a serem acolhidas e escutadas. Fácil é resvalar em uma leitura moral, principalmente quando se trata de crianças nomeadas de "desobedientes", "inadaptadas", "sem limites", "impossíveis", "indisciplinadas". Contudo, Freud não nos deixa esquecer, como o leitor poderá acompanhar, que tais significantes, nos quais o sujeito por vezes se cola, servem de um manto encobridor do sofrimento psíquico de uma criança.

> [...] As neuroses de crianças são muito comuns, muito mais comuns do que se supõe. Muitas vezes, elas deixam de ser notadas, são consideradas sinais de uma criança má ou arteira, muitas vezes também, são mantidas sob estado de sujeição pelas autoridades responsáveis pelas crianças; porém, sempre podem ser reconhecidas, retrospectivamente, com facilidade. Em geral, surgem sob a forma de uma neurose de angústia. [...] Pudemos analisar exemplos destas neuroses infantis na própria infância – quando estavam realmente presentes (FREUD, 1976p [1916-1917], p. 425).

Assim, muitas vezes descobrimos sob esse manto a assinatura do sujeito, suas manifestações sintomáticas ou sua atuação da angústia, vestidas pela leitura moral.

Os "transtornos", no dizer da psiquiatria, que acometem as crianças hoje se multiplicam: "transtornos de aprendizagem", de "habilidades motoras", de "comunicação", "do déficit de atenção", "hiperatividade", "transtorno de comportamento disruptivo", "transtorno de conduta", "transtorno de oposição", e uma infinidade de outros. Atentos a esses discursos, posto que muitas vezes fixam o destino de um sujeito, interessa-nos menos os transtornos e mais os transtornados e o que os transtorna.

Muitas vezes acolhemos também, no nosso trabalho, crianças "enlouquecidas"[3] – aquelas que suportam mais do que poderiam suportar: maus tratos, abusos, a falta da presença maternante, da função paterna – de uma lei apaziguadora; privações materiais e libidinais, de proteção e cuidado; exposição a situações de desamparo físico e psíquico.

---

[3] Ver Ferreira (2004).

Como o leitor poderá ver aqui, não são apenas nessas situações extremas que a criança perde sua condição de criança, mas em todas as situações em que é tratada como objeto, destituída de sua condição de sujeito, ela pode responder com certo enlouquecimento.

Essas crianças mais intensamente nos fazem, por vezes, compreender como as infâncias são construídas social e politicamente na contemporaneidade e, ainda, como uma criança responde ao que lhe é oferecido, ou não, pela cultura e pelos agentes de cuidado.

Deparamo-nos ainda, no cotidiano da clínica, com a criança e a loucura. Seja a loucura de seu entorno e daqueles com os quais convive, seja a sua própria loucura. Com Lobosque (2013), solidária à sua definição, "o que chamamos de loucura será talvez o aflorar de uma singularidade irredutível, para a qual não se consegue inscrição. É excesso sem limite, vazio sem contorno, repetição sem fim" (p. 71). O psicanalista precisa contribuir para que essa radical diferença que a loucura sulca no sujeito possa ser acolhida e escutada. Este livro quer ser, entre muitos outros existentes e a ser inventados, um instrumento que subsidie tal empreendimento.

Enfim, a clínica que se escreve é também "filha da época" em que vivemos. Do que ela escreve em nós, escrevemos, transmitimos.

Para Maria Gabriela Llansol (2011) "escrever é amplificar pouco a pouco". Diz a escritora: "Nunca escreverei sobre nada. Escrever sobre é pegar num acontecimento, num objeto, colocá-lo num lugar exterior a mim; no fundo, isto é escrita representativa, a mais generalizada". Ela segue dizendo que há outras maneiras de escrever. "Escrever com é dizer: estou com aquilo que estou a escrever. Escrever com implica observar sinais" [...] "Quando se escreve, só importa saber em que real se entra, e se há técnica adequada para abrir caminhos a outros".

Assim, escrevo com o que se escreveu em mim de experiências com a psicanálise com crianças; escrevo com o trabalho de formar psicanalistas e outros profissionais, e, mais que isso, eu escrevo com minha própria análise.

Parafraseando Llansol, um livro pode ser prolongado. Que a Escrita da Clínica seja para o leitor, como uma "virtualidade aberta a todos os recomeços", assim como a vida dos que procuram um psicanalista.

Tânia Ferreira
Belo Horizonte, maio de 2016.

Prefácio à segunda edição

Chamada para preparar o material para a segunda edição de *A escrita da clínica*, o trabalho ficou em suspenso, embora o mal-estar aumentasse à medida que o tempo passava. Era como se o adiamento se desse à minha revelia e ao som do incômodo que provocava, coloquei-me no passo da escuta. Perguntava-me: O que se passa entre o escritor e sua escrita? Que espécie de relação se dá entre o autor e seu livro editado? Como operar a passagem de autor a leitor de seu próprio escrito?

Essas perguntas abriram, de novo, minha relação com este livro. A última delas pode parecer paradoxal. Não haveria uma estrutura de continuidade entre leitura e escrita de quem escreve? O que se passa é que, inevitavelmente, trata-se de uma espécie de pseudoleitura. Acontece que a sonoridade das frases antecipa-se à leitura, e já se espera a palavra que vem depois. Não se trata ainda, portanto, de um leitor.

Se o leitor é aquele que cria seu próprio texto a partir do que lê, é como se a porta da alma do livro ficasse fechada para seu escritor. Criar um texto do texto... Talvez daí a dificuldade de visitar o livro, como se houvesse certa "ressaca" dele. Durante o processo de escrever, o escritor muda de morada e só consegue habitar sua escrita depois de concluído o livro, já não como escritor. Nessa perspectiva, o escritor tem certo parentesco com o psicanalista, na medida em que também ele só tem uma existência lógica. O escritor só existe no tempo mesmo da escrita, na sua tessitura.

Depois do trabalho de escrita, o escritor há de se colocar no trabalho de luto. Trabalho que, no dizer de Freud, causa os deslizamentos do desejo.

Franz Kafka nos diz que "lemos para fazer perguntas". As perguntas são sinais do nascimento do leitor. O leitor já colocou aí algo de seu, recriou o texto, deu vida a ele, deixando o texto falar.

Assim, algumas das elaborações que foram possíveis realizar para esta segunda edição partiram de perguntas. Outras partiram da voz de outros leitores – colegas psicanalistas, alunos, supervisionandos. As alterações, porém, não transformam este livro numa elaboração acabada, fechada, totalizante, mas mantém as brechas e hiâncias para o leitor continuar criando-se ao ler o texto, e ler-se no texto – o que também faz o arremedo para o discurso analítico.

Tânia Ferreira

Prefácio à primeira edição

Freud, em uma de suas Conferências,[1] diz ao leitor que as intenções de escrever um dado conteúdo, de uma certa maneira, não podem ser concretizadas. Existe alguma coisa, no próprio material, que se encarrega de nos desviar das intenções iniciais. Até mesmo um acontecimento banal, como a organização de um item familiar do material, não está inteiramente submetido à escolha pessoal do autor;

> ela toma a direção que quiser, e tudo que podemos fazer é nos perguntar, depois do evento, por que aconteceu dessa maneira e não de outra (FREUD, 1976p, p. 442).

Assim, ele contava com o saber inconsciente trabalhando o escrevente e no escrevente.

Curiosamente, eu considero muito importante partilhar isso. A intenção inicial era escrever o conteúdo que tenho ministrado ao longo de onze anos, no curso de formação de psicólogos, do Departamento de Psicologia do Unicentro Newton Paiva, onde sou professora. Escrever o que eu sabia. Mas eis que fui inteiramente ludibriada. Não se escreve o que se sabe. A escrita nasce de um ponto de não-saber, de "um saber que trabalha" naquele que escreve. Pouco do que eu havia formalizado pôde ser trazido aqui. Foi preciso um outro caminho, outras formalizações, outras pesquisas, embora eu tenha mantido os temas com que trabalho ao longo do curso. A palavra falada no cotidiano das aulas e das supervisões clínicas se esquivava da escrita. Da voz à letra, um fosso a atravessar. Este livro é justamente parte da história do atravessamento de um fosso...

---

[1] Refiro-me à Conferência XXIV, de 1917, v. XVI, da Edição Standard Brasileira das Obras Psicológicas Completas de Sigmund Freud. Rio de Janeiro: Imago, 1976.

Um psicanalista sabe que a escrita faz *semblant* de questões que não puderam ser fisgadas pela palavra, mas que ficam lá, pulsando, pedindo passagem. Ela é produzida dos restos, dos resíduos com que também se tece um estilo. É pelo efeito da escrita que a interpretação torna-se possível, quando se joga com o equívoco, à procura da face da enunciação. Entretanto, a escrita e a função da letra em psicanálise não se encontram no registro da gramática ou da caligrafia que se aprende na escola. O traço, a letra do sintoma, o sintoma como escrita antecipa-se, muitas vezes, à escrita que se ensina na escola. A clínica com crianças é pródiga em exemplos disso. A psicanálise vai operar na letra do sintoma.

Lacan, em seu Seminário 20,[2] *Mais, ainda*, nos diz que aquilo que se pode escrever da clínica nada tem a ver com o que se pôde ler dela. É essa disjunção estrutural entre o que se pode ler na clínica e o que dela pôde ser escrito aqui que trago ao leitor.

De certo modo, podemos encontrar eco para dizer isso na língua do poeta. Há entre a escrita da clínica psicanalítica e a escrita da poesia uma solidariedade de estrutura. Para Clarice Lispector (1999)

> [...] escrever é o modo de quem tem a palavra como isca: a palavra pescando o que não é palavra. Quando essa não palavra morde a isca alguma coisa se escreveu. Uma vez que se pescou a entrelinha, podia-se com alívio, jogar a palavra fora. Mas aí cessa a analogia. A não palavra, ao morder a isca, incorporou-a. O que salva então é ler "distraidamente"...

Assim fui tecendo o texto, nascido dos fragmentos. O leitor vai encontrar uma série deles, extraídos da minha própria clínica e da clínica de meus supervisionandos que conduziam os tratamentos. Muitos supervisionandos irão se reconhecer aqui, mesmo os que não foram nomeados. Quero agradecer-lhes, pois tem sido especialmente com eles que tenho partilhado muitos momentos de elaboração de aspectos da clínica.

A clínica com crianças tem a delicadeza de abrir questões muito incisivas para a clínica de um modo geral. Assim tem sido na minha experiência, que não se restringe ao tratamento de crianças. O *infantil* perfila sonoro e vigoroso no discurso e no não-dito dos adolescentes, dos adultos, dos idosos. O tempo do inconsciente não envelhece.[3] O

---

[2] Ver Lacan (1985a, p. 52).

[3] Expressão utilizada por Ângela Mucida em seu belo livro: *O sujeito não envelhece*, da Autêntica Editora (2007).

sujeito não tem história, senão a que se inventa nos labirintos de uma análise. Não obstante, uma análise na infância apresenta particularidades que resvalam, de um modo ou de outro, na clínica com adultos. Por isso, é uma clínica ensinante, de forma muito singular.

Freud já havia descoberto isso, desde o início de seu trabalho. Na *Interpretação dos sonhos*, cerca de vinte sonhos relatados são referidos à infância de meninos e meninas de até 13 anos. Alguns recordados, outros inferidos, que se desenrolam da pulsão oral até a organização fálica.[4]

Nos *Chistes e sua relação com o inconsciente*, Freud vai se referir à infância, assim como em toda sua "teoria da sexualidade". Além destas, ele tematiza uma infinidade de outras questões sobre a criança ao longo de sua obra: a criança e o saber; a criança e as formações do inconsciente; a criança e o fantasiar; a criança e o jogo; mentiras contadas por crianças; associação livre na criança; a neurose infantil e a neurose da criança, entre muitas outras. Foi a partir de suas interpelações sobre a infância que desvelou os enigmas que o sujeito lhe endereçava na clínica, abrindo as questões que lhe permitiram forjar "o conceito de infantil", que está para além da temporalidade e da história. Esta é uma das razões que me incitou à escrita deste livro.

Ao iniciar a supervisão clínica na Faculdade de Psicologia e também a clínica no meu consultório, as demandas que chegavam eram quase sempre escolares: problemas de aprendizagem, de comportamento, de desadaptação. Nos últimos quatro anos, embora esse tipo de demanda continue a chegar, o que podemos constatar é que as crianças, em maior número, têm se apresentado na clínica com um nível de sofrimento psíquico muito intenso. Casos graves de neurose, com manifestações clínicas claras – inibições, sintomas e angústia – proeminentes; casos de psicose e de autismos, de crianças que perambulam de um clínico a outro, sem muita resposta, deixando os pais atônitos e desanimados. Esses dados nos colocam questões e nos impõem trabalho, sobretudo, em relação à formação dos profissionais.

No diálogo com minha própria experiência, restou o desejo de contribuir com aqueles que fazem sua formação em psicanálise. A transmissão é um dever ético do analista.

Na universidade, entre o que eu pensava ser importante transmitir e o que se tinha formalizado, num mesmo livro, uma lacuna esteve sempre

---

[4] Ver Germán, Garcia (1995).

presente. Um livro que pudesse interessar a psicanalistas e a estudantes, ao mesmo tempo. Um livro que não fosse hermético demais, como de um modo geral são os de teses, nem superficial demais, que, ainda que não solucionasse questões importantes, as formalizasse. Um livro que abrisse questões, deixando ao leitor seu espaço de trabalho, de construção, de produção de saber. Este livro teve esse nascedouro.

A lógica de sua escritura foi se construindo, essencialmente, a partir da teoria e da clínica de Freud. Certamente, a leitura que trago das elaborações freudianas são influenciadas pela releitura que Lacan faz dele. Ao mesmo tempo, recorro a uma série de teorizações de vários autores que se dedicam às especificidades da clínica com crianças. Muitos deles são meus colegas psicanalistas, a cujos textos inéditos pude ter acesso. Recorri ainda à literatura que circula entre nós, mais antiga e mais recente.

Eis, então, o produto de um trabalho, de um *saber em trabalho*. Um psicanalista tem como premissa ética o trabalho de transmitir o modo como tem sido atravessado pela experiência de sua própria análise, de sua clínica. Parafraseando Guimarães Rosa, este livro pode valer muito pelo que nele não deveu caber.

Tânia Ferreira
Belo Horizonte, maio de 1999

Apresentação

Sabemos, pelo menos desde Freud, que a ficção é parceira da verdade subjetiva. No entanto, se aceitarmos a diferenciação que veículos da mídia estabelecem, na lista dos livros mais vendidos, entre "ficção" e "não ficção", o livro de Tânia Ferreira seria enquadrado nessa segunda categoria. E o que é possível dizer de um livro de "não ficção" que, de maneira pouco habitual, chega à sua terceira edição?

Podemos pensar que ele foi bem-recebido pelos leitores, que lhe deram a merecida repercussão; que, por seu didatismo, foi adotado em cursos universitários; enfim, que contribuiu efetivamente para o trabalho de diferentes profissionais. Poderíamos também, seguindo a lógica do discurso capitalista, cogitar que ele "vendeu bem" e que, portanto, deve continuar no "mercado". Esse modo de apreender o sucesso do livro cometeria injustiça com sua autora, que, pautada no discurso analítico, não respondeu de modo descompromissado às diferentes demandas de uma nova edição. Pelo contrário, na posição de aprendiz de seu inconsciente, Tânia Ferreira manteve sua escuta dos enigmas e imprevistos da clínica com crianças e seus pais na atualidade, acolheu as possíveis lacunas e fissuras das edições anteriores e, de modo ético e com desejo decidido, se colocou novamente a trabalho, na revisão e ampliação do livro.

Assim, o capítulo "As representações de criança e a direção do tratamento" é acrescido de novas elaborações sobre a produção da infância, enquanto tempo distinto do mundo adulto, bem como sobre a história da infância no Brasil e a situação da criança brasileira na era da globalização.

No capítulo "As estruturas clínicas", a autora revisita aspecto essencial da clínica: a angústia – um afeto que, segundo Lacan, não engana. Ela demonstra, a partir de percurso pela obra freudiana, que foi a angústia que permitiu a Freud delimitar a neurose infantil. Outro tema que merece atenção da autora diz respeito aos enigmas dos autismos e à posição do analista enquanto exceção, ou seja, ocupar o lugar de "ao menos um", que não pretende educar, advertido dos limites que o sujeito nos autismos requer.

O capítulo "A posição dos pais na psicanálise com crianças" recebeu acréscimos valiosos, diria mesmo essenciais, para todos os envolvidos no trabalho com crianças. Tânia não recua frente ao desafio de pensar sobre como as novas formas de organização familiar ressoam na clínica, destacando também o que é o "estrutural da família" para a psicanálise. Enfatiza ainda a importância da função dos educadores e cuidadores, especialmente no trabalho nas instituições de assistência social, de saúde mental e de educação.

A admirável fineza de sua escrita, bem como sua inegável disposição à formalização da clínica – que já foram contempladas com o Prêmio Jabuti, por seu livro *Os meninos e a rua* – ressoam mais uma vez nesta edição. A capacidade de apresentar com clareza e rigor conceitos psicanalíticos, articulando-os a fragmentos clínicos, envolvem o leitor desse livro de "não ficção" no encantamento e fluidez que só os bons livros de ficção oferecem.

Oscar Cirino
Setembro de 2016

As representações de criança e a direção do tratamento

> *Ouvi uma criança, com medo do escuro, dizer em voz alta: "Mas fala comigo, titia. Estou com medo!". "Por quê? De que adianta isso? Tu nem estás me vendo." A isto a criança respondeu: "Se alguém fala, fica mais claro".*
>
> (FREUD, 1976p [1916], p. 474)

As armadilhas da língua

A língua dá aos termos "infância" e "criança", no tempo, uma série de significações. A este "rumor da língua"[1] – este ruído do sentido – é importante interrogar, posto que da língua tomamos as palavras para tecermos um discurso.

Ariès (1986), em *História social da criança e da família*, nos permite passear pela história antes mesmo do "descobrimento" da criança, para verificarmos como se deu a entrada da criança na língua. Ele nos diz que as idades da vida, com esta modulação temporal que nos parece hoje tão comum, em outros momentos não tinham o mesmo ordenamento lógico. A duração da infância, por exemplo, era reduzida ao período em que o vivente ainda não havia adquirido algum desembaraço físico. Tão logo isso acontecesse, era misturado aos adultos e participava com eles de seus trabalhos e jogos. De criancinha, se transformava em um jovem homem, sem passar por todas estas etapas que hoje consideramos essenciais.[2]

---

[1] Expressão utilizada por Roland Barthes, *"le bruissement de la langue"*, o rumor da língua, que intitula um de seus livros.

[2] Ver Ariès (1986, p. 10).

Como juventude significasse força da idade, "idade média", não havia lugar para a adolescência. Até o século XVIII, a adolescência era confundida com a infância. Na França, por exemplo, diz Ariès, conhecia-se apenas a palavra *enfant* – criança. No final da Idade Média, esta palavra podia tanto designar o *putto,* quanto "menino", "garoto", "rapazinho". Curiosamente, se tomamos hoje este termo, no nosso dicionário, veremos que ele também se refere ao indivíduo devasso, corrompido, dissoluto. No calendário das idades do século XVI, era possível encontrar afirmações como esta: "Aos 24 anos é a criança forte e virtuosa. Assim acontece com as crianças quando elas têm 18 anos".[3] No século XVII, nas classes sociais mais dependentes, esse emprego persiste, ao passo que em meio à burguesia a palavra infância se restringe ao seu sentido moderno. A ideia de infância estava ligada à ideia de dependência, quando não, de subserviência, presente nas relações feudais e senhoriais. As palavras ligadas à infância designavam os homens de baixa condição social – os lacaios, soldados. Na mesma época, nas famílias nobres, em que a dependência não ia além da incapacidade motora, o vocabulário da infância tendia a referir-se à primeira idade. Assim, ainda no século XVII, a expressão "criança pequena" ou "criancinha" ganha lugar.

As palavras "infância", "criança", só terão o sentido que hoje lhes atribuímos ligado a uma representação que se inscreveu a partir do individualismo moderno, fruto da Revolução Industrial. Mas é interessante observar que o peso do sentido conferido a elas não será totalmente abolido com o passar do tempo.

Se nos remetermos a um dicionário etimológico de língua portuguesa,[4] vamos encontrar o verbete "infância", de origem latina *infans, infantis,* reportando àqueles que não falam. *Infantia* – é a falta de eloquência, dificuldade em explicar-se. "Infância" diz-se do período de crescimento no ser humano que vai do nascimento até a puberdade, meninice, mas também, ingenuidade, simplicidade. O termo *infante* remete não só ao soldado de infantaria, de linha de frente ou a um "soldado raso", como também ao filho não herdeiro da coroa, dos reis de Portugal ou Espanha. "Infantil" significa próprio à infância e, ainda, ingênuo, tolo. "Criança",

---

[3] ARIÈS, "As idades da vida", 1986, p. 42.

[4] Refiro-me ao *Dicionário Etimológico da Língua Portuguesa,* de Antônio Geraldo da Cunha, 1982, e ao *Novo Dicionário Aurélio da Língua Portuguesa,* de Aurélio Buarque de Holanda Ferreira, 1986, editora Nova Fronteira.

do latim *creantia*, significa pessoa ingênua, infantil. Daí também os termos "cria", escravo, "criado", empregado em serviço doméstico, "criar", dar existência a, gerar, formar. "Criancice" é a ação ou procedimento de criança, como também leviandade, imprudência, imperfeição.

Uma questão curiosa que não podemos deixar de lado é que a língua empresta às palavras "criança" e "infantil" a possibilidade de nomear tanto o menino quanto a menina. Os significantes, criança e infantil desprezam a diferença dos sexos. Certamente não por acaso. Estas são algumas das armadilhas da língua.

Não obstante, estamos sempre às voltas com o sujeito e o significante... Qual de nós nunca se deparou na clínica com uma mãe trazendo seu filho de 6 anos para o tratamento, apresentando-o: "Este é o meu rapaz", ou com uma mãe argumentando com uma criança de 5 anos: "Não faça isso, você já é uma moça". Outras vezes, escutamos na clínica, ou fora dela, os pais se referirem aos filhos adultos: "meus meninos..." Quantas vezes nos deparamos com um uso depreciativo desses termos? "Deixe de ser infantil!" ou "Não seja criança!".

Assim, vemos perfilar sucessivas significações que são importantes para uma escuta do lugar da criança no social. Aquela que não fala, ingênua, simples, imprudente, tola, leviana, imperfeita e excluída da sexuação... Esses rumores da língua que nos emprestam as palavras não se silenciam nos nossos discursos. Essas diferentes significações vão compondo o universo das representações de infância e de criança, e isso nos convida a interrogar as representações de criança e seus efeitos na direção do tratamento. Seria possível um esvaziamento desses sentidos que saltam da língua para conduzir uma clínica com crianças?

Antes de desnovelarmos esse fio que nos leva aos atravessamentos desses sentidos na clínica, vamos trazer um pouco da história da infância e da criança, no nosso país, uma vez que ela desperta pouco interesse entre os envolvidos com a assistência e os cuidados. No nosso entendimento, interrogar nossa própria representação de infância e de criança que fazemos resvalar para a clínica, implica "des-cobrir" suas origens dito de outro modo, tirar a coberta da matéria com que tecemos nossas representações.

O interesse tardio pelas crianças no Brasil

O fenômeno apresentado por vários autores, do interesse pela criança e pela infância como uma etapa da vida importante, só vai ocorrer muito tardiamente no Brasil colonial, cuja estrutura feudal e escravagista, superada na Europa recém-industrializada, fora mantida até o século XIX.

"Com a Proclamação da República e a necessidade de construir um Estado Nacional forte e acima dos interesses dos feudos das grandes famílias, a família nuclear o representava, posto que, buscava o fortalecimento do Estado e o aprimoramento dos cidadãos" (SILVA, 1985, p. 19).

Assim, a consideração da existência de um mundo infantil e as múltiplas transformações da representação de infância até a que vigora hoje vai se dar no Brasil num espaço de tempo que vai dos finais do século XIX até nossos dias, período marcado por avanços, retrocessos, hesitações e impasses.

Em *Casa-grande & senzala*, Gilberto Freyre (1997, p. 149) mostra:

> O "ridículo da vida brasileira" aos olhos dos visitantes europeus – cuja linha fronteiriça entre o mundo do adulto e o infantil começara a se delinear desde o Século XVI – face a face com meninos, uns homenzinhos à força desde os nove e dez anos. Obrigados a se comportarem como gente grande. O cabelo bem penteado, às vezes frisado a Menino Jesus; o colarinho duro; calça comprida; roupa preta; botinas pretas; o andar grave; os gestos sisudos; um ar tristonho de quem acompanha um enterro.

"Meninos-diabos", diz Freyre, eles só eram até os 10 anos, daí para frente eram rapazes. "Seu trajo, o de homem feito. Seus vícios, os de homens." "Foi quase um Brasil sem crianças", acrescenta.

Del Priore (2006, p. 84) vai dizer que "para definir a criança no passado, havia pouquíssimas palavras, como 'miúdos', 'ingênuos', 'infantis'". Na mentalidade coletiva, a infância não passava de um tempo sem maior personalidade, apenas um momento de transição, mas talvez já condensasse alguma esperança.

A autora deixa clara a distinção do cotidiano da "criança livre" no Brasil entre a Colônia e o Império e a "criança filha de escravos", bem como assinala a importância de certos gestos, atitudes e sentimentos frente à "primeira infância".

Os "mimos" em torno da criança pequena estendiam-se aos negros escravos ou "forros", vistos por vários viajantes estrangeiros nos braços de suas senhoras ou engatinhando em suas camarinhas. "Brincava-se com crianças pequenas como se brincava com animaizinhos de estimação" (p. 96).

Tais exageros ou "mimos maternos" eram vistos pelos moralistas setentistas como causa para "deitar a perder os filhos". A boa educação implicava castigos físicos e tradicionais palmadas. O castigo físico em crianças era corriqueiro no cotidiano do Brasil Colônia, importado pelos jesuítas já desde o século XVI. O amor do pai deveria ser inspirado no amor divino, "castigar e dar trabalhos nesta vida", vícios e pecados deveriam ser combatidos com "açoites e castigos".

Pouco a pouco a educação e a medicina, no dizer de Del Priore (2006, p.104), vão "burilando" as crianças do Brasil colonial. Mais que lutar pela sua sobrevivência, era preciso "adestrar a criança preparando-a para assumir responsabilidade". Aqui já se mostra uma das faces da mesma versão que prevalece ainda hoje nos discursos sobre "a criança como homem de amanhã".

> Ali ainda vigorava o que era citado nos manuais de medicina entre os séc. XVI e XVII, onde Galeno definia a primeira idade do homem: a "puerícia" que hoje chamamos infância. Ela dividia-se em três momentos variáveis seguindo a condição social de pais e filhos. O primeiro ia até o final da amamentação, fundando-se por volta dos 3 ou 4 anos. No segundo, que ia até os 7 anos, crianças cresciam à sombra dos pais, acompanhando-os nas tarefas do dia-a-dia. Daí em diante, as crianças iam trabalhar, desenvolvendo pequenas atividades ou estudavam a domicílio, com preceptores ou na rede pública nas escolas régias criadas na segunda metade do séc. XVIII, ou ainda tornavam-se "aprendizes" de algum ofício. (Del Priore, 2006, p. 85)

Assim, vai se tornando possível apreender a ideia de infância e de criança, atreladas e inseparáveis, num mundo no qual as crianças saíam das "sombras dos pais" depois de 7 anos e ingressavam no mundo dos adultos.

Se essa realidade vai passo a passo se modificando – posto que a infância irá se estendendo, tornando-se um tempo a ser considerado, estudado, até tornar-se uma categoria de relevância social para a nação –, a sua emergência no cenário social não aconteceu do dia para a noite, como veremos a seguir.

A lenta construção social da infância no Brasil

No início do século XIX, diz Freyre (1997, p. 429),

> aos sete anos os meninos diziam de cor os nomes das capitais da Europa, dos "três inimigos da alma", somavam, diminuíam, multiplicavam, dividiam, tiravam retrato de primeira comunhão,

vestiam sobrecasaca preta e botina – no luto que contrastava com o amarelo desmaiado do rosto anêmico – estava a "criança rapaz".

Até meados do século XIX, com as primeiras estradas de ferro, o costume dos engenhos foi o estudo em casa para os meninos brancos, pretos e pardos, e depois, para os primeiros, nos colégios dos jesuítas.

À menina, foi negado tudo que parecesse independência. Até levantar a voz aos mais velhos. A menina respondona e saliente era castigada, e a acanhada com ar humilde, valorizada. Vivendo sob a mais dura tirania dos pais, eram criadas para serem boas esposas e donas de casa, e sua educação para os bons costumes ia dos 7 aos 14 anos, quando estava pronta para se casar.

As escolas jesuítas eram poucas e para poucos. Segundo Del Priore (p. 11), o ensino público só foi instalado no fim do século XVIII, entretanto, o destino dos filhos dos pobres no século XIX não era a educação, mas serem transformados em cidadãos úteis e produtivos. Ideia que subjaz hoje aos discursos sobre a universalização da educação.

As crianças abandonadas, fossem elas brancas filhas "ilegítimas" ou negras, eram colocadas na "Roda e Casa dos Expostos" onde o índice de mortalidade infantil oscilava entre 50, 70%. As que sobreviviam ficavam em companhia das "criadeiras" pagas pela Santa Casa de Misericórdia e permaneciam com elas até os 7 anos. Depois eram enviadas a famílias, ao Arsenal da Marinha e ao Recolhimento das Órfãs. "Em quaisquer das situações as crianças deveriam trabalhar gratuitamente durante sete anos, em troca de teto e alimentação. Dos 14 anos em diante, poderiam empregar-se, percebendo salários" (Lima; Venâncio, 1996, p. 63).

No dizer de Moura (2006, p. 282), "o fato é que em muitas outras paragens, pelas mãos ou não do abandono, a atividade produtiva deu curso a infância e adolescência, e passa a valorizar de um modo geral a educação direcionada para o trabalho agrícola e artesanal". Na esteira desta, vão sendo criadas uma infinidade de outras escolas para educar para o trabalho: Escola Industrial Orfanológica, escola de Aprendizes Marinheiros, Asilo Agrícola Santa Isabel, etc. Estava definitivamente selado o compromisso da escola de crianças pobres com a formação pelo trabalho.

No limiar do século XX, na fase de industrialização tardia e incipiente, a presença de crianças e adolescentes no trabalho cotidiano de fábricas e oficinas em São Paulo era fato corriqueiro. Aqui convém interrogar se a infância, como uma construção social, como uma categoria social, ainda estava por vir ou se sua representação comportava a presença do trabalho – "coisa de adultos".

Moura (2006, p. 260) nos dá elementos para elucidar a questão, afirmando que, "ironicamente, à mesma infância a que a sociedade incorporava elementos do lírico e do sagrado era a que constava na imprensa paulistana como objeto das denúncias dos termos de suas atividades produtivas", símbolos por excelência da desenfreada exploração do trabalho.

Aqui já podemos antever as contradições que ainda hoje pairam no ar. A mesma infância "momento de unção, iluminação e revelação" herdada do Brasil Colônia dos jesuítas ou dos poetas românticos, escrita como hino "d'amor", cor-de-rosa, ingênua e tocante, é a infância que carrega seu sagrado e seu lirismo para as fábricas e lavouras, para a construção civil e para as ruas.

Moura (2006) ressalta ainda que, para além e aquém das fábricas e oficinas, crianças e adolescentes foram inseridos no setor terciário, que acenava com novas possibilidades abrindo a chance de contar com a informalidade dos pequenos expedientes e biscates, além do seu emprego na construção civil. Os menores sem licença de municipalidade vendiam bilhetes de loterias nas ruas da cidade, somando-se aos engraxates que se fixavam nas portas das igrejas ou aos pequenos jornaleiros que percorriam a cidade com pressa ou pendurados nos bondes.

Desse modo, as crianças foram ganhando as ruas das grandes cidades não só através de sua presença nas indústrias e fábricas, na construção civil e nas atividades econômicas informais, mas também como resultado do abandono, encontrando na mendicância, na delinquência e na criminalidade sua saída: seja esmolando, roubando ou agredindo seus pares ou os transeuntes, situação a qual o empresariado não logrou esforços em capitalizar.

Vítimas ou não do abandono, as crianças e adolescentes transformaram-se na bandeira "que enaltecia o trabalho enquanto instrumento que permitiria, fornecendo-lhes uma profissão, resgatá-los e preservá-los do contato pernicioso das ruas, que projetava sobre a cidade, as sombras de uma crescente criminalidade" (MOURA, 2006, p. 276).

É também a partir disso que, nas décadas iniciais daquele século, o Estado começa a se ocupar de encontrar soluções para tais problemas, criando já em 1902, em São Paulo, o Instituto Disciplinar, institucionalizando o propósito de "regenerar por meio do trabalho" e "para o trabalho", a infância produzida pela miséria que desfilava nas ruas.

Mas esse discurso vai sendo interrogado (mas jamais derrocado), pois as fugas e reincidências criminais dos menores vão demonstrando a impossibilidade de se reabilitar e aplacar a rebeldia da infância e da adolescência, com e pelo trabalho.

Ano após ano o Estado brasileiro seguiu fomentando a ideia – expressa nas leis, nas políticas econômicas, sociais e educacionais – de que para infância pobre o remédio seria o trabalho, educar pelo trabalho ou, na melhor das hipóteses, educar para o trabalho.

O trabalho então vem morar na infância, sem, contudo, implicar que não haja uma sensibilidade à condição de criança, à ideia de infância que a classe média e alta, seja na Europa do século XVIII ou no Brasil do século XX, manteve viva, alimentando-a e difundindo-a até que ganhasse penetração também na e para as classes baixas.

Para Martins (2003) a criança é aquela pessoa cuja existência depende de outra pessoa, do adulto, do pai, da mãe, da família.

> A infância é uma construção social, própria das sociedades que conseguiram criar uma economia capaz de prolongar o período de imaturidade da pessoa. Só é possível haver infância em sociedades que têm condições de bancar a imaturidade das novas gerações durante um período razoavelmente longo (MARTINS, 2003, p. 31).

Ainda para o autor, o que importa é que em certas classes sociais esse período de imaturidade está sendo prolongado como nas classes que vivem um estado de abundância, as classes dominantes de modo geral. Mas no caso das classes trabalhadoras, há um encolhimento do período da infância que era maior no Brasil dos anos 1950.

Mas é importante assinalar que a valorização da infância, o movimento social pelos "direitos da criança" – que embora comece a manifestar-se desde o século XVIII, ganhando tradução nos termos da legislação brasileira nos séculos XIX e XX – vão dando contorno ao desenho de sua representação, sempre marcada em nosso meio social por contradições e incoerências, por visibilidade social e, no mesmo movimento, por uma clara opacidade em alguns momentos da história. A infância que já descoberta é, por vezes, apagada da memória das sociedades capitalistas e de outras.

Este "encolhimento" da infância nas classes trabalhadoras, não fica longe do mesmo encurtamento nas classes abastadas, mesmo que por outras razões. Retomaremos esta questão na discussão sobre as representações de criança e a direção do tratamento. Afinal, devemos nos perguntar: quem é a criança que chega hoje à clínica? Como uma criança pode ser afetada por essas novas representações de infância?

A produção da infância

Seguimos nos perguntando como a infância como um tempo demarcado e distinto do mundo do adulto foi produzida nos tecidos da história, nas malhas do projeto civilizatório.

Veiga (2004, p. 40) discute os elementos definidores da condição de ser adulto ou de ser criança, e apresenta sua hipótese de que, para se apreender a infância em determinado tempo histórico, é necessário ir além de uma lógica supostamente evolucionista de entendimento das etapas da vida, através da compreensão do "tempo geracional" no âmbito relacional.

Para Veiga, o tempo da infância só foi fixado em diferenciação a outras etapas da vida, num determinado momento da história, em que se produziu o que ela nomeia como "unidades regulares de referência da infância", diferenciadas do mundo adulto, sendo estas unidades reguladoras componentes do processo de produção da modernidade.

> Queremos afirmar que o ser criança não correspondeu historicamente a uma forma dada ou inata da experiência da infância, ou ainda que nesse ou naquele contexto as crianças tiveram ou não infância, mas que a infância na modernidade foi uma categoria de tempo inventada com bases nas múltiplas experiências vivenciadas pelos diferentes grupos sociais (VEIGA, 2004, p. 41).

A autora parte de duas questões que encontram aqui ressonâncias, na medida em que nos permite compreender o lugar que a infância passou a ocupar nas sociedades ocidentais a partir do século XVI, "no momento do desenvolvimento de acontecimentos nomeados como modernidade" (p. 41), ou ainda, como propõe a autora, perguntarmo-nos o que possibilitou a alteração nas formas de tratar as crianças, independentemente disso ter contribuído ou não para a permanência, superação e/ou aparecimento de múltiplas sensibilidades em relação a elas.

> A primeira questão, portanto, refere-se à necessidade de compreender quais circunstâncias que possibilitam a sociedade adulta perceber a criança como um outro distinto. Que unidades de referência cultural foram produzidas na modernidade a fim de estabelecer com cada vez maior precisão diferenças entre adultos e crianças (VEIGA, 2004, p. 41).

Veiga (2004, p. 41) compreende esse processo como parte da dinâmica civilizatória e a produção da infância como um "símbolo socializador", pela regulação e controle dos instintos e afetos, como veremos posteriormente, interferindo nos procedimentos de educar a criança e, no decorrer do tempo, na definição e refinamento de suas especificidades.

A despeito das diferentes posições de historiadores sobre a existência ou não de uma particularidade infantil na Idade Média e, até o século XVI, das controvérsias relativas à indiferença em relação à criança e à inexistência de um "sentimento de infância"[5] em momentos da história, todos concordam que há muitas evidências de uma profunda transformação das formas de pensar e tratar as crianças no processo de desenvolvimento do sentimento moderno de infância.

"Assim como mudam os mais variados aspectos da atividade humana, a relação da sociedade com a infância não poderia permanecer estática" (KUHLMANN; FERNANDES, 2004, p. 17).

Veiga (2004, p. 47), para além da discussão sobre o "sentimento de infância", compreende que no processo de produção da distinção social através da difusão de padrões de comportamento de um adulto civilizado, ocorreu um distanciamento necessário para "produzir a infância como tempo social único", considerando o modo como as crianças foram identificadas no contexto da modernidade de fins do século XVIII em diante.

Postman (1999, p. 31) vai tecendo passo a passo a "invenção da infância" a partir do que dizem vários autores, mostrando como a ideia de infância só começa a existir a partir do conceito de "alfabetização, educação e vergonha", ausentes no mundo medieval.

Nessa mesma perspectiva, Elias (1994 *apud* VEIGA, 2004), mostra que a questão essencial que demonstra a distância entre as duas temporalidades – do século XVI e século XIX – foi o desenvolvimento dos sentimentos de vergonha e de pudor, que alteraram o comportamento dos adultos e, com eles, a distância entre estes e os padrões de comportamento das crianças.

Aliado a isso, uma "nova mãe" haveria de ser produzida – a que amamenta os filhos, acabando com a "prática da amamentação mercenária",

---

[5] Termo usado por Philippe Ariès, que é um dos autores criticados principalmente pelo modo como descreve o desenvolvimento da concepção moderna de infância, da época e dos ritmos em que se deu. Verificar: GOUVEA, Maria Cristina. A Escrita da história da infância: periodização e fontes. In: SARMENTO, Manuel; GOUVEA, Maria Cristina. *Estudos sobre a infância*. Educação e Práticas Sociais. Rio de Janeiro: Vozes, 2008, p. 100.

compreendendo por isso a entrega do bebê pelas mulheres burguesas às amas e nutrizes. A amamentação poderia ser compreendida numa tentativa ou de controle das relações de afeto nucleadas na família ou na perspectiva higienista e eugenista de não contaminação do leite. Com a nova mãe, produz-se também a "nova mulher", a boa dona de casa e o "amor pelo trabalho doméstico e pelo lar" (VEIGA, 2004, p. 56).

A nova mãe é aquela que evita os "mimos", que segundo Veiga (2004, p. 54), estavam vinculados "ao movimento de contenção das emoções, dos afetos e dos desejos" em relação à criança, seja por que a criança recebia afetos de diferentes pessoas ao seu redor, seja pela natureza desses sentimentos cuja manifestação se dava como jogo sexual, como violência física ou como "excesso" de carinhos. Assim, na modernidade, se institui uma distinção de sentimentos endereçados à criança e ganham destaque as atenções voltadas para o amor racionalizado entre pais e filhos.

Segundo Elias (1994), a contenção dos afetos foi definidora das mudanças de comportamento dos adultos em relação às crianças, ligados não só ao excesso de mimos, mas também aos castigos e violência. A família nuclear no século XIX passou a ser a responsável pelo controle dos impulsos e comportamentos tanto de adultos, quanto dos jovens e crianças.

Se a sociedade se volta aos cuidados da criança, buscando um refinamento de suas especificidades, a percepção da criança como outro distinto, um ser especial, foi um processo de aprendizagem longo, para cuja construção a produção de um novo adulto contribuiu. Entre os séculos XVI e XVIII, com as regras rígidas de civilidade, as condições de infância estiveram muito misturadas à produção do adulto civilizado.

No dizer de Postman (1999), a falta do conceito de alfabetização, a falta do conceito de vergonha e a falta do conceito de educação, como veremos, fizeram com que o mundo, durante séculos, não concebesse a criança como um ser especial.

A ideia de infância, que começou a se insinuar com a criação de escolas pelos gregos e pela compreensão romana da infância, cai na penumbra do mundo iletrado, no qual não há necessidade de distinção exata entre o adulto e a criança.

Por isso, no dizer de Postman (1999), antes do século XVI não havia livros sobre criação de filhos, os jovens tomavam parte das cerimônias, inclusive funerais, não havendo razões para protegê-los da morte. Não havia vestimenta para crianças, nem uma linguagem diferente da do adulto, e, por isso mesmo, as crianças não iam à escola, não havia nada para ensiná-las, e "a maioria era mandada embora de casa para fazer trabalhos subalternos ou servir como aprendizes" (POSTMAN, 1999, p. 33).

No século XVI, a partir do surgimento da imprensa e da alfabetização socializada, surge uma "nova definição de idade adulta baseada na competência da leitura e uma nova concepção de infância, baseada na incompetência de leitura" (POSTMAN, 1999, p. 32).

Em meio à ausência da ideia de infância como um tempo particular e único, o valor do trabalho já se apresentava para as crianças desde que completavam 7 anos, sinal e testemunho dessa ausência.

Para Veiga (2004, p. 63), uma questão difícil de ser enfrentada nos séculos seguintes, na medida em que a cultura material da sociedade mudou – os espaços e formas de sociabilidade mudaram; a interdependência entre indivíduos e grupos sociais mudou sua dinâmica –, foi o fato de mudanças por si mesmas revelarem uma civilização em curso, elaboradas com a redefinição do conjunto de comportamentos e da produção da conduta civilizada. É nesse contexto que a autora compreende a consolidação de uma nova condição de ser criança, referindo-se à constituição da infância como um "símbolo socializador".

O segredo dos adultos e a natureza especial da infância

Em meados do século XVI, a tipografia foi inventada e, com ela, um mundo simbólico impôs uma nova concepção de idade adulta, que estava sendo gestada durante muito tempo, como vimos anteriormente. Essa nova idade adulta exclui as crianças, que, expulsas do mundo dos adultos, vão requerer um novo mundo para habitar – esse que veio a ser denominado de infância.

É com a imprensa que uma nova e difusa ideia de individualidade e de tempo passa a vigorar, provocando uma profunda transformação da consciência que a humanidade tem de si mesma.

A comunicação humana que era realizada no contexto social – pois a oralidade reunia as pessoas para escutar a leitura, aprender, se formar – vê com a imprensa de Gutenberg o individualismo se estabelecer e ficar. Tornando-se uma "condição psicológica normal e aceitável", como anuncia Postman (1999, p. 42), o "senso exacerbado do eu foi a semente que levou ao florescimento da infância". Mas a infância leva ainda duzentos anos para ser cultivada e se transformar no que é hoje para a civilização ocidental.

Contudo, conclui Postman (1999, p. 50),

> [...] o individualismo sozinho não podia ter produzido a infância. Quando a idade adulta tornou-se uma realização simbólica e não biológica, quando, com a prensa tipográfica, os jovens teriam de se tornar adultos e, para isso, precisavam aprender a ler, precisando da educação, o que levou a civilização europeia a reinventar a escola e, ao fazê-lo, transformar a infância numa necessidade.

Para Postman (1999, p. 29), uma das principais diferenças entre um adulto e uma criança, é que o adulto "conhece certas facetas da vida – seus mistérios, suas contradições, sua violência, suas tragédias – cujo conhecimento não é considerado apropriado para as crianças e cuja revelação indiscriminada é considerada vergonhosa." No mundo moderno, ao longo do caminho de atravessar o fosso entre a infância e a idade adulta, alguns segredos são revelados de maneira a ser psicologicamente assimilável, segundo o desenvolvimento socialmente traçado. Retomaremos esta questão posteriormente.

Na Idade Média, não havia qualquer relutância em discutir assuntos sexuais na presença das crianças, a ideia de esconder os impulsos sexuais era, segundo o autor, estranha aos adultos. "Tudo era permitido na presença delas: linguagem vulgar, situações e cenas escabrosas; elas já tinham visto e ouvido tudo",[6] os segredos dos adultos começam a tomar corpo.

Após os séculos XVI e XVII, a existência da infância passa a ser reconhecida e considerada uma característica da ordem natural das coisas. Começando a ser separadas dos adultos, a cultura letrada exigia que as crianças aprendessem a ler e a escrever, causando problemas para a Igreja Católica, que via na leitura um agente de desintegração, proibindo-a. Os protestantes, ao contrário, entendendo a leitura como forma de acabar com a superstição, continuaram a explorar os recursos da tipografia e entraram no novo mundo com essa atitude, fazendo apelo inclusive a um sistema nacional de educação, na Inglaterra.

O homem letrado foi por fim, criado, e, ao ser criado, deixou para trás as crianças. Pois, se no mundo medieval nem os jovens nem os velhos sabiam ler, não havia necessidade da ideia de infância, pois todos compartilhavam o mesmo ambiente informacional e, com isso, viviam num mesmo mundo social e intelectual. Segundo Postman (1999, p. 50),

---

[6] Père de Dainville, citado por Ariès (1986, p. 103).

"a partir daí que a idade adulta tinha de ser conquistada tornando-se uma realização simbólica e não biológica".

> Cada vez mais a criança se tornou objeto de respeito, uma criatura especial, de outra natureza e com outras necessidades, que precisava estar separada e protegida dos adultos (COWLEY, 1971, p. 14 *apud* POSTMAN, 2001, p. 51).

Para Plumb (1971, p. 9), "as crianças não foram separadas dos adultos porque se acreditava que tivessem outra natureza e outras necessidades", mas, ao contrário, passa-se a acreditar que tinham outra natureza e outras necessidades, porque foram separadas dos adultos, já que passou a ser essencial na sua cultura o seu letramento – aprender e a ler e escrever – para ser o tipo de pessoa que uma cultura letrada exigia.

Segundo Postman (1999, p. 53),

> a infância evoluiu desigualmente, porque após a filtragem das complexidades históricas, surge uma equação bastante simples: onde a instrução foi sempre altamente valorizada, havia escolas e onde havia escolas, o conceito de infância desenvolveu-se rapidamente.

Segundo Ariès (1986, p. 11) "a escola substituiu a aprendizagem como meio de educação". A criança deixa de ser misturada aos adultos e de aprender a vida diretamente, a partir do contato com eles. Antes de ser solta ao mundo, a criança passa a ser, segundo o autor, afastada por uma espécie de quarentena que foi a escola, o colégio. Assim, para ele, dá-se o início de um grande enclausuramento das crianças, que se estendeu até agora e que ganha o nome de "escolarização". Então, com o objetivo de formar "adultos instruídos", os jovens passam a ser algo diferente de "miniaturas de adultos", mas um "adulto ainda não formado".

Como observa Ariès, a aprendizagem na escola é identificada à "natureza especial da infância". Assim como a adolescência passa a ser definida pelo alistamento militar obrigatório no século XIX, a infância foi definida pela frequência escolar nos séculos XVI e XVII na Europa, e ainda o é. A escola permaneceu indiferente à distinção das idades e à organização de classes escolares, pois sua essência não era a educação da infância.

Para Ariès (1986, p. 188), "na linguagem comum dizer que um menino estava em idade de ir para a escola não significava necessariamente que se tratava de uma criança, pois essa idade podia também ser considerada como um limite além do qual o indivíduo tinha poucas possibilidades de sucesso." Esse modo de ver só desapareceria no século XIX.

A ideia de um ensino universal aberto a todos não era consensual. A maioria queria limitar a uma única classe social o privilégio do "ensino longo e clássico" e condenar ao povo um ensino "inferior e prático".

Para Veiga (2004) as preocupações de Rousseau – um dos primeiros filósofos a fazer uma crítica severa e contundente aos costumes de seu tempo e à artificialidade da educação, apresentando um método para desenvolver os bons sentidos, daí seu contato com a natureza e a aposta na pedagogia da descoberta e da exploração – e de Johann Heinrich Pestalozzi (1746-1827) que, com sua educação dos sentidos, propôs uma "educação corporal" mais próxima da perspectiva de uma educação estética, da educação do gosto; foram fundamentais para a produção da pedagogia de fins do século XIX, quando uma educação dos sentidos foi, segundo a autora, apresentada como uma pedagogia para a criança.

Veiga (2004) ressalta ainda que a consolidação da escolarização das crianças como tradição permitiu a socialização da geração com base na universalização dos diferentes níveis de aprendizagem, da hierarquização do acesso ao conhecimento e estabelecimento da seriação escolar. Ela enfatiza ainda que na condição de aluno não esteve necessariamente presente uma consciência da infância como etapa distinta. As experiências escolares do início do século XIX foram caracterizadas pela mistura de crianças e jovens, num tipo de pedagogia que desconhecia essa distinção. Foi, segundo a autora, a intervenção científica na escola, em especial, da psicologia, que tornou possível estabelecer modos de socializar distintamente as crianças.

Ariès (1986, p. 194) vai dizer que as classes populares, por serem submetidas por menos tempo à ação da escola e pela entrada das crianças no trabalho na metade do século XIX, o trabalho das crianças "conservou características da sociedade medieval".

"A infância começou indiscutivelmente como uma ideia da classe média, em parte porque a classe média podia sustentá-la. Outro século se passaria antes que a ideia se infiltrasse nas classes baixas" (POSTMAN, 1999, p. 59).

A visibilidade social das crianças vai ganhando consistência e, por meio dos livros, dos ensinamentos adquiridos com os livros, da escola, "os adultos adquiriram um controle sem precedentes sobre o ambiente simbólico do jovem e estavam aptos a estabelecer condições pelas quais uma criança iria se tornar um adulto" (POSTMAN, 1999, p. 59).

Quando o modelo de infância foi desenhado, o de família também se fez. Ariès (1978) enfatiza que a invenção, e depois a expansão da escolarização formal, levou à criação da família, que tinha de proporcionar à criança uma educação suplementar em casa.

Para Postman (1999, p. 60), com a criação de conceitos de hierarquia de conhecimentos e habilidades, os adultos "inventaram a estrutura do desenvolvimento infantil – esse, que consideramos quase pertencentes à própria natureza humana".

Ao escrever livros escolares seriados e organizar classes escolares de acordo com a idade cronológica, "os professores inventaram, por assim dizer, os estágios da infância" (POSTMAN, 1999, p. 59). Tudo isso justificado pelo fato de que, "sem segredos, evidentemente, não pode haver uma coisa como infância" (p. 94).

Num mundo sem livros nem escolas, a exuberância juvenil, segundo Postman (1999), contava com o mais vasto campo possível para se expressar. Mas num mundo de aprendizado livresco, tal exuberância precisava ser drasticamente modificada. "Quietude, imobilidade, contemplação, precisa regulação das funções corporais, tornaram-se extremamente valorizadas" (p. 60).

À medida que a diferenciação entre a infância e a idade adulta foi se tornando mais vigorosa, cada uma dessas esferas foi aperfeiçoando seu mundo simbólico, e se passou a aceitar que a criança não podia dividir com o adulto e não dividia – a linguagem, o aprendizado, os gastos, a vida social.

Caberia ao adulto preparar a criança para ingressar no seu mundo simbólico. Segundo Postman (1999, p. 65), na década de 1850 os "séculos da infância tinham feito seu trabalho e em toda parte do mundo ocidental, a infância era tanto um princípio quanto um fato social".

Mas como cada nação tentou incluir a ideia de infância em sua cultura, a infância assumiu um aspecto próprio conforme o ambiente econômico, religioso e intelectual em que surgiu. Em alguns casos foi "paparicada", em outros, negligenciada, degradada.

Postman (1999, p. 69) conclui que:

> A invenção da infância foi uma ideia que transpôs todas as fronteiras nacionais, sendo às vezes detida e desencorajada, mas sempre perseguindo sua jornada. E embora as condições locais influíssem em seu aspecto e em seu progresso, nada logrou fazê-la desaparecer.

O aumento do senso de responsabilidade governamental pelo bem-estar da criança levou a Europa a construir uma concepção humanitária de infância. Locke, com sua teoria da infância sobre a "folha em branco"; e Rousseau, cuja ideia propagada dava importância à vida intelectual e emocional da criança, não para que possamos ensiná-la, mas porque "a infância é o estágio que mais se aproxima do estado da natureza", ajudaram a nutrir e fazer conhecida a ideia de infância.

Assim, quando a ideia de infância aportou nos séculos XIX e XX, depois de atravessar o Atlântico para o Novo Mundo, estava marcada, de um lado, pela concepção lockiana ou protestante e, de outro, pelas ideias rousseaunianas ou românticas.

Na concepção protestante, a criança era uma pessoa amorfa e a "educação, a razão e a vergonha podiam torná-la um adulto civilizado". Na visão romântica, é o adulto "deformado" que a corrompe. "A criança tem como direito inato as aptidões e tendências para a compreensão, sinceridade, curiosidade e espontaneidade que são amortecidas pela alfabetização, educação, razão, autocontrole e vergonha" (POSTMAN, 1999, p. 74). Para Rousseau, a infância requer apenas não ser arrancada pela civilização para que possa seguir seu caminho, pois seu crescimento é orgânico e natural.

A "ideia" de uma "natureza infantil" passa a ser, em parte, questionada, mas de certo modo, a visão lockiana "de que as crianças eram adultos informes carentes de civilização" (p. 74), continuou intacta.

Hoje ainda, a produção social da infância e da criança, deve nos inquietar. Seu encurtamento em várias culturas e em algumas classes sociais, também. Perguntamo-nos sobre as respostas produzidas pelas crianças e por uma a uma, a esse lugar e a essa infância forjada na contemporaneidade. A clínica nos ajudará a trazer elementos para tangenciar essas e outras questões.

Notas sobre a criança brasileira de nossos dias – A idade mídia: seres em suspensão?

Não vamos nos ater ao fato de que a criança brasileira de nossos dias se inscreve e é marcada pela globalização, mas apenas assinalar que não podemos estar desavisados disso. Se a globalização é um processo que incute uma diversidade de influências externas de todos os tipos para as diferentes nações, e se estas influências interferem diretamente na vida dos cidadãos, não seria diferente com as crianças. A globalização afeta também o contexto cotidiano onde a criança cresce, vive e interage com os grupos sociais, posto que ela não somente compartilha e é atravessada pelos efeitos das transformações operadas em todos os âmbitos da sociedade contemporânea, mas delas participa, uma vez que cada criança que nasce porta algo inédito com o qual contribui para o mundo.[7]

Contudo, a globalização, ao atingir seu cotidiano, age sobre as dinâmicas sociais, políticas, econômicas e culturais em que a criança está inserida, principalmente nas instituições que as acolhe no mundo, intensificando as diferenças entre as formas de experimentar a infância nas distintas esferas mundiais, modificando, moldando e determinando de certa forma, as infâncias.

Aqui, retorna nossa questão: como uma criança pode ser atravessada pelas infâncias produzidas pela sociedade contemporânea?

Podemos, pois dizer que a estética, a ética, a língua, o conhecimento, o modo de pertencer ou não, o modo de ser criança e de viver, estão atravessados pela globalização e isso não é sem consequências para uma criança.

Como vimos anteriormente, para Postman (1999, p. 29), uma das principais diferenças entre um adulto e uma criança é que o adulto "conhece certas facetas da vida – seus mistérios, suas contradições, sua violência, suas tragédias – cujo conhecimento não é considerado apropriado para as crianças e cuja revelação indiscriminada é considerada vergonhosa".

Espera-se que uma criança tenha recursos advindos do mundo dos adultos, para o caminho de atravessar o fosso entre a infância e a idade adulta. Perguntamo-nos se estes recursos são oferecidos e, quando não são, quais as respostas que as crianças podem vir a dar a essa falha. A clínica é o lugar de deságua dessas respostas.

Perguntamo-nos, também, como esses segredos dos adultos são revelados de maneira a ser subjetivamente inscritos, segundo o desenvolvimento socialmente traçado e, acrescentamos, em cada movimento de "efetivação" da estrutura, na lógica do tempo e das idades da vida. Que resposta uma criança inventa ou como se arranja com o que lhe chega?

Hannah Arendt (2000, p. 238) discute a responsabilidade daqueles que devem introduzir o "recém-chegado e forasteiro, nascido em um

---

[7] Ver Arendt (2000, p. 247).

mundo já existente e que não conhece". Afirma que a escola é a instituição que interpomos "entre o domínio privado do lar e o mundo, com o fito de fazer com que seja possível a transição, de alguma forma, da família para o mundo".

Contudo, podemos interpelar, para além da escola, as mais diferentes formas que nossas crianças têm encontrado para "chegar ao mundo" e os efeitos disso sobre elas.

Em muitas infâncias, as crianças são expostas as tragédias, violências e contradições. Milhares de crianças têm seus direitos violados.

Na idade mídia, as informações chegam pela hipermídia para muitas crianças feito enxurrada. Muitas delas ganham *tablets* antes de completar 6 anos; a maioria das crianças, de diferentes idades, tem celular, acesso direto à internet, WhatsApp, participa de *chats*, enfim, está "plugada". Muitas entram no mundo real através do virtual. Outras vivem apenas no virtual. Num mundo "*fake*", umas e outras vão abrindo trilhas... Já podemos recolher alguns efeitos disso sobre as crianças. Outros, só depois.

Muitas que vivem assim, ligadas, são educadas pela angústia e para a angústia. O que deveria advir como mistério e enigma – as tragédias, atos violentos, erotização precoce – chegam rapidamente até elas.

As informações e conhecimentos dos mistérios da vida dos adultos a que muitas crianças têm acesso contribuem de alguma forma para o "encurtamento" da infância, quiçá para seu desaparecimento? O que se passa com uma criança sem infância?

Podemos dizer que um dos efeitos disso é a transformação de algumas crianças no que vou chamar de "seres em suspensão", que tentam se equilibrar na borda do mundo infantil e na do mundo adulto, sem pertencer a nenhum deles.

A clínica nos ensina, pouco a pouco, quem são e como são as crianças de nossos dias e como elas chegam ao tratamento:

Diz uma mensagem de WhatsApp: "Bom dia, sou mãe de um menino de 1 ano e 5 meses. Quero saber se a senhora pode atendê-lo e quanto cobra. Ele tem tido crises de nervosismo, se autoagredindo, batendo em seu rosto, puxando seus cabelos, se arranhando até sangrar. Mas é bonzinho, quase nunca chora ou grita".

Como esta mãe, muitas outras desesperadas, "sem saber o que fazer", buscam tratamento para seus filhos.

Assim, estamos às voltas com crianças que chegam à clínica cada vez mais precocemente, muitas vezes antes ou em seu primeiro ano de vida, com intenso sofrimento psíquico. A intervenção a tempo[8] tem sido um instrumento importante na psicanálise, para acolher e tratar bebês e crianças pequenas.

Outro movimento importante que vemos acontecer é o da institucionalização das crianças de todas as classes sociais. As escolas de educação infantil se multiplicam e recebem bebês e crianças de 6 meses a 6 anos, para uma permanência de quase dez horas diárias. Isso também se estende a crianças de todas as idades no ensino fundamental, ora com a escola pública ampliada, ora com as escolas integrais particulares. Sem contar as que estudam só um turno na escola regular, mas, no outro turno, estão no que chamarei aqui de "escola paralela". Escola para dar conta de acompanhar os conteúdos da escola regular... Não são mais aulas particulares, mas "salinhas" de todas as matérias em cursos indicados pela própria escola onde a criança estuda. Tudo isso com o assentimento de seus cuidadores.

A terceirização dos cuidados é também corriqueira na vida de crianças que estão fora da escola um turno, também de diferentes classes sociais. Em classes mais abastadas, os cuidados ficam a cargo de um profissional do ramo, por vezes tratado como parte da família, outras vezes, orientado a não criar uma relação e afeto com a criança, para "não sofrer quando perder", pois a impermanência desses adultos está muito presente nos discursos das crianças em tratamento.

Sabemos dos efeitos dessa institucionalização precoce e contínua. Lacan[9] já nos advertia dos efeitos sobre uma criança da falta de um "interesse particularizado".

Outro aspecto digno de nota: se historicamente crianças marcadas pela miséria vivem nas ruas, sem casa, sem um Outro que lhes dê apoio e amparo, expostas a todos os perigos e desamparos, hoje temos crianças de classes abastadas, que são também, a seu modo, irresidentes – diria eu. Essas crianças passam alguns dias na "casa do pai", outros dias, "na casa da mãe". Elas não têm casa. Muitas têm um quarto a dividir com os "meios-irmãos". A língua sequer tem palavras para nomear as novas figuras da parentalidade. "A mulher do meu pai", "o marido da minha

---

[8] Sobre a intervenção a tempo, ver: Messias in Ferreira (2004a, p. 51) e Antunes in Ferreira (2004a, p. 73).

[9] Refiro-me ao texto "Nota sobre a criança", que será mais amplamente discutido posteriormente no item sobre o sintoma.

mãe" – dizem as crianças chamadas "enteadas", que não podem, elas mesmas, nomear seu lugar na vida dessas novas famílias.

Poderíamos seguir inventariando múltiplas questões que nos indicam quem são, como vivem, de que padecem, o que dizem as crianças de nossos dias. Essas Notas evocam muitas e muitas outras situações e experiências a que o leitor poderá aventar. Importa que estejamos atentos ao ineditismo de cada criança que se apresenta a nós, seja na escola, nas instituições, nos espaços públicos das cidades, na clínica.

Podemos seguir abrindo essas questões com o dizer de Freud. Nos últimos anos de suas elaborações, em meio ao mal-estar da civilização, Freud faz uma crítica à educação, que podemos tanto situar na escola, quanto na família:

> O fato de ocultar dos jovens o papel que a sexualidade desempenhará em suas vidas não é o único defeito imputável à educação de hoje. Pois ela também peca ao não prepará-los para a agressividade da qual estão destinados a serem objetos. Deixando que a juventude vá ao encontro da vida com uma orientação psicológica tão falsa, a educação não se comporta de modo diferente ao do caso de se cogitar em equipar pessoas para uma expedição polar com trajes de verão e mapas de lagos italianos. Torna-se evidente, nesse fato, que está fazendo mal uso das exigências éticas (FREUD, 1974, p. 158, nota 1).

Poderíamos dizer que estamos diante de impasses: Como preparar as crianças e os jovens para a agressividade da qual estão destinados a serem objetos, sem jogarmos com a angústia? Joga-se com a angústia sempre que se faz desaparecer o sujeito. Sua subjetividade, sua palavra, sua posição, ora para fazer valer a nossa própria, ou conseguir algo pelo horror – o horror a determinadas situações faz com que o sujeito evite, recuse, não faça, exclua a situação, mas pela angústia e não com recursos, com certo posicionamento, para não se colocar em determinadas situações.

Há pais que transmitem que só em casa o filho está seguro, só na família. Tudo que é estranho é ameaçador. Fora da família o sujeito parece estar com mapas de lagos italianos para uma excursão polar. Existem situações nas quais as famílias não permitem a separação. Nada fora dela.

Mas há crianças que se sentem desamparadas na e com a família. Não encontram ali a "maternagem" de que precisam, nem as transmissões, os saberes a que precisam ter acesso, nem a quem endereçar suas perguntas, seus enigmas. Às vezes, a criança se sente despreparada para estar em família, já que dali é excluída.

Assim também se comporta, não raro, a escola, equipando os alunos com roupas de verão para uma expedição polar e com mapas de lagos italianos, que pode significar não falar de determinadas questões que os cercam: violência, riscos de uma grande cidade, sexualidade, transformações corporais, etc.

Quando não há lugar para a palavra, a palavra perde o valor. A criança atua, realiza no lugar de falar, ou mesmo faz passagens ao ato graves: de agressões físicas até atos mortíferos como a mídia nos tem mostrado. Se não há espaços para palavras, a angústia vem em seu lugar. Incentivar o gosto pela palavra facilita o laço social.

Voltemos a Hannah Arendt. Ela nos diz que a linha traçada entre crianças e adultos deveria significar "que não se pode nem educar adultos, nem tratar crianças como se fossem maduras" (ARENDT, 2000, p. 246). Também nos diz que não seria admissível que essa linha se tornasse uma muralha que viesse apartar as crianças dos adultos como se não vivessem no mesmo mundo e "como se a infância fosse um estado humano autônomo, capaz de viver por suas próprias leis". Trata-se, pois, de não expulsar as crianças de nosso mundo, nem contudo, deixar que entrem nele sem os anteparos de que necessitam, já que "não se pode ver nem o sol nem a morte de frente".

A psicanálise pode contribuir para que educadores e adultos responsáveis (que são inclusive educadores também) compreendam que não se pode abandonar a criança a seus próprios recursos, mas também não se pode negligenciar seu saber e sua palavra, seu modo singular de estar no mundo.

Estas notas foram escritas para introduzir questões que vão permear este livro. O leitor poderá também seguir indagando e acrescentando elementos de suas experiências com crianças – na clínica, na escola, no cotidiano das convivências –, para contribuir para a compreensão sobre quem são as crianças de nossos dias e, com ela, para a direção dos cuidados e da atenção a cada uma com que convivemos.

As representações de criança e a direção do tratamento

A malha dos discursos tecidos sobre a criança, em cada época, define, para ela, um certo lugar social. A ideia da existência de uma "natureza infantil", muitas vezes inquestionável, priva-nos de uma reflexão sobre a tessitura dessa "natureza", em diferentes momentos e movimentos da história. Houve tempo em que não se concebia a criança como um ser singular, diferente do adulto, tributária de uma particularidade. Essas especificidades que a nossa sociedade atribui à criança – com suas características físicas, comportamentais, psicológicas, necessidades, atitudes – em outras épocas eram absolutamente impensáveis.

Ariès (1986) nos adverte quanto à inexistência, na sociedade medieval, do que ele denomina "os dois sentimentos de infância", entendendo, por isso, a "consciência da particularidade infantil, essa particularidade que distingue a criança do adulto".[10] Um, caracterizado pela "paparicação", nasce no seio da família, em relação às criancinhas pequenas. Outro, vem dos eclesiásticos ou homens da lei, raros até o século XVI, e de um maior número de moralistas no século XVII, ocupados com a disciplina e racionalidade dos costumes. Desse modo, antes do "sentimento de infância", assim que a criança adquiria o mínimo de independência, ela ingressava na terra dos adultos e não se distinguia mais deles.

Com o advento da burguesia e o surgimento dos ideais educativos, a partir dos séculos XVI e XVII – no Brasil, só no final do século XIX –, é que a criança ganha uma particularidade. Isso a transforma em objeto de especulação teórica e de práticas específicas, produzindo-se sobre ela uma multiplicidade de saberes. A pediatria, a pedagogia e as especializações dirigidas à criança surgem e se desenvolvem rapidamente a partir daí. Assim, todas essas características que hoje julgamos "naturais" e inerentes à criança são, na realidade, fruto de uma construção.[11]

O discurso científico sobre a infância, que começa a se produzir na esteira do discurso religioso que imperou até o século XIX, buscava não somente delinear práticas de proteção à criança, mas articular saberes que suprissem as lacunas deixadas pelo discurso religioso: as da racionalidade científica. O discurso psicológico se destacou como aquele capaz de estabelecer um saber científico sobre a infância – não sem atravessamentos do discurso religioso –, e assume um lugar central na constituição de um saber sobre a criança, no qual, historicamente, a pedagogia vai se ancorar para produzir as práticas educativas e até saneadoras.

A representação de infância como uma idade da vida marcada por uma natureza a ser "corrigida" pelo adulto, presente desde a Antiguidade, vai se estender no tempo.

---

[10] Ver: Ariès (1986, p. 156).

[11] Maria Anita Silva, em sua tese de doutorado *Analisa-se uma criança*, nos brinda com uma bela discussão sobre o tema.

> A infância é percebida como período de fragilidade moral, durante o qual o mal pode florescer com facilidade. Cabe ao adulto cuidar para que os bons valores prevaleçam, ante a tendência infantil a ceder aos instintos nefastos à sua formação moral (GOUVÊA, 1997, p. 58).

O "despreparo" da criança enseja a transmissão, por parte dos adultos, de lições modelares. Assim, discutir a ideia de infância não tinha outro significado que o de ressaltar a diferença em relação ao adulto, sempre na perspectiva da "incompletude" da criança. São esses os eixos em torno dos quais se sustenta o discurso científico sobre a criança.

> Estas ideias constituem as matrizes geradoras de discursos diferenciados sobre o tema, e é em torno desses eixos que se organizarão diferentes saberes sobre a infância, em distintos campos de conhecimento e de práticas culturais (GOUVÊA, 1997, p. 60).

A modernidade vai se encarregar de marcar, cada vez mais, a especificidade da infância, contribuindo para a legitimação da visão de uma "natureza infantil", porém, conferindo-lhe um novo significado. Não se trata mais da "domestificação e disciplina", mas de se considerar "a curiosidade", "a espontaneidade e a preponderância do sentimento sobre a razão" não mais ligados à imaturidade biológica, mas à sua natureza diferenciada do adulto. A concepção de infância, afirmada no discurso psicológico no início deste século, vai se pautar não mais na "imperfeição", mas na "energia e vitalidade do novo".[12]

O século XX é considerado o "século da criança", dado o lugar central que ela assume na cultura. As especificidades que marcavam a criança em relação ao adulto no século passado, por exemplo, hoje não se expressam da mesma maneira. Não obstante o saber constituído e instituído sobre a criança, mesmo sofrendo toda sorte de mudanças, sobretudo no campo científico, as especificidades insistem.

Os múltiplos e variados discursos sobre a infância continuam enfatizando, ainda, desde a imaturidade biológica até a necessidade de se "corrigir" os defeitos do desenvolvimento "natural". Não posso deixar de assinalar que o desenvolvimento infantil, com todas as características que dominam cada uma de suas fases, é, entretanto, ele mesmo, "socialmente traçado".[13]

---

[12] Ver: Gouvêa (1997).

[13] Ver: Silva (1986, p. 17).

Assim, no que se refere às teorias e às práticas clínicas voltadas para a criança, torna-se evidente que cada uma se sustenta e se alimenta de uma dada representação de criança. Esta representação é construída não só dos elementos da cultura, mas também do modo como o sujeito construiu subjetivamente suas ideias a partir de sua própria experiência, ainda que recalcada.

Esta discussão sobre a representação da criança é recorrente também entre os profissionais *psi*; no entanto, ela tem ficado apartada da discussão sobre a direção do tratamento, como se esta representação não desse o tom do cálculo da clínica. Ela tem servido muito mais para sustentar uma crítica ou uma análise do lugar social da criança em cada época, como se, no que tange à clínica, estivéssemos todos nós, analistas e terapeutas, isentos de seu peso.

Sabemos que não existe "uma" clínica com crianças, mas muitas clínicas, cada uma delas sustentada por um tipo de representação que gera um certo tipo de discurso sobre a criança, o que nos impõe explicitar em que discurso se sustenta a nossa.

Valas (1991), ao interrogar "o que é uma criança?", vai nos lembrar que quaisquer que tenham sido as variações, no decorrer da história, da definição de criança, elas têm um ponto em comum que se desloca da questão da idade para o da referência ao trabalho. A criança é aquela que não trabalha ou aquela que não pode estabelecer um contrato social válido, "por que não é considerada um ser comprometido com sua palavra."[14] Isso implica, inclusive, uma legislação especial[15] para a criança (e para o adolescente), uma vez que ela não é considerada para efeitos civis e penais como responsável pelos seus atos, na medida em que sua palavra e sua assinatura não valem nada.

O que temos constatado é que o discurso jurídico se fundamenta numa representação que, não raro, resvala para o campo da clínica, dando lugar a uma prática em que se avaliza que o outro diga "pela" ou "sobre" a criança. Não seria justamente esse tipo de representação que sustenta as práticas das anamneses? Ali se colhem "os dados" sobre a criança que só "o outro sabe". No rastro dessa representação, uma clínica pode se fundamentar no que o outro se queixa sobre a criança e

---

[14] Ver: Valas (1991, p. 142).

[15] No Brasil, o *Estatuto da criança e do adolescente*, sancionado pelo Presidente da República em 13 de julho de 1990.

não no que a incomoda verdadeiramente, naquilo que faz questão para ela. É comum escutarmos que se o sintoma do par parental for tratado, a criança se livra de seu sintoma, o que quer dizer que ela é concebida como mero reflexo dos pais, quando não, um pequeno apêndice deles. Isso não é sem consequências. Seria possível uma clínica isenta do que advém do discurso jurídico?

Outras vezes, um arsenal de brinquedos é contratado para vir no lugar da palavra, colocando a nu esta mesma representação – a de que a criança não é capaz de produzir um discurso, sustentando sua condição de *infans*. Estariam as "diferenças da técnica" ancoradas em outro tipo de representação, diferente desta cujo nascedouro é o discurso jurídico?

A representação de criança como um ser "inacabado", "imaturo", cujo aparelho psíquico vai se desenvolver no balanço do desenvolvimento biológico, dá lugar a uma clínica que se orienta numa intervenção que incide nas falhas do desenvolvimento, no "fortalecimento" das defesas da criança e em uma obstinação pela ideia de "fixação". Uma clínica que pode até resvalar para a intenção de devolver a criança à escola, à família, ao social, enfim, "mais adaptada," "mais feliz", fundada numa perspectiva pedagogizante, curando as feridas narcísicas dos que a encaminharam e adequando-a ao ideal social. Assim, a criança permanece alienada (ali-é-nada). Parece-me que esta mesma representação habita expressões como: "a criança é mais espontânea que o adulto" ou "a criança desconhece a censura", mesmo que contraditoriamente se diga: "a criança tem vergonha".

Quando essa representação sustenta as práticas de desigualdade, de exclusão e até de maus-tratos, não nos resta outra alternativa senão nos comprometermos a escutá-la. Dizer que a criança autista se automutila porque "não sente dor" faz-nos interrogar qual a perspectiva clínica que pode advir dessa afirmação, por exemplo. Sabemos que frases como essas acerca do louco sustentaram (e quem sabe sustentam ainda) procedimentos como os de eletrochoques "secos", sem anestesia e outros horrores que são de conhecimento público.

Não precisamos ir tão longe. Às vezes a condução do tratamento sustentada nesse tipo de representação, põe em risco a própria integridade da criança. Vejamos um exemplo: Mara chega para tratar-se na Clínica da Faculdade,[16] dizendo que estava interrompendo um tratamento com

---
[16] Este é um fragmento de caso que me foi relatado em supervisão de Sandra Miranda

outra terapeuta, por uma série de razões. Na supervisão, decidimos que o procedimento seria reconduzi-la ao seu tratamento para dizer à sua terapeuta por que não queria continuar. A mãe, após ser escutada e retificada quanto à necessidade de trabalhar a questão, marca com a antiga terapeuta um horário. Leva a criança. A terapeuta, no entanto, não recebe a criança e conclui com a ela o tratamento, devolvendo a ela todos os desenhos que a criança havia produzido ali. Ao deixar a sala de espera do consultório, a criança é "atropelada". Retorna à clínica, contando que praticamente forjara o acidente, que, felizmente, não tinha tido grandes consequências. "Atropelada" no consultório, ficando "fora", esse significante cavou as vias para passar, de novo...

Mesmo alguns analistas que se orientam na clínica a partir de Freud e Lacan são, algumas vezes, também capturados por esse tipo de representação. Não é raro escutar "o pequeno sujeito" quando se referem à criança, ao passo que não se diz do adulto: "o grande sujeito"... O adjetivo "pequeno" dá ideia de que o sujeito vai crescer, desenvolver, evoluir, ou ainda, de que é "menos", colocando em questão a lógica que tanto Freud quanto Lacan postulam para o sujeito.

Poderia citar aqui uma série de procedimentos clínicos e explicitar qual a representação de criança que lhes dá suporte. Mas o importante é que cada um se interrogue e formalize qual tipo de representação de criança alimenta a teoria com a qual sustenta sua clínica. Não raro, estamos sempre aptos a recolher dos teóricos aquilo que eles nos ensinam sobre a criança, sem contudo nos interrogarmos sobre a representação que germina em suas teorizações.

Freud e a criança

Freud dá lugar a diferentes teorizações sobre a criança em sua obra. Situá-las e deixar seu texto falar possibilita-nos ir além do que ele nos ensina: formalizar a representação de criança que pulsa na psicanálise de Freud.

Ao longo deste livro o leitor certamente irá encontrar uma série de questões sobre a criança tematizadas por Freud, como: a criança

---

Pimentel, que conduzia o tratamento na Clínica Especializada em Psicologia Aplicada (CESPA), do Unicentro Newton Paiva. Publicado na Revista *De um curso a um discurso*, jornada de trabalhos dos alunos do curso de formação de psicólogos, n. XIV, 1998.

e a sexualidade; a criança e o saber; a criança e as formações do inconsciente (sonhos de crianças, chistes infantis, sintomas); a criança e o fantasiar; a criança e a identificação; a criança e seu romance familiar; a criança escolar; a criança e o mestre; as mentiras contadas por crianças; a criança e o jogo; a criança e a angústia, a neurose infantil e a neurose da criança... Vou recolher inicialmente alguns desses temas para interrogar a representação de criança que habita as conceitualizações de Freud.

O ambiente das ideias pedagógicas,[17] no qual Freud fora educado e no qual formalizou seu ensino, traz uma concepção de criança que é interessante explicitar. A criança que perfila nesse ambiente de ideias é a criança "ingênua", "pura", "tocante" e "sem malícia" de Rousseau. A concepção de que há uma adaptabilidade e plasticidade da "natureza" infantil encarrega os especialistas, sobretudo pedagogos, de sua função modeladora. Eles nutriam uma profunda confiança na natureza infantil, e se a criança fosse colocada em situações apropriadas desenvolveria as possibilidades físicas e espirituais, assim como a sensibilidade, as inclinações ativas, sentimentos afetuosos, enfim, poderia crescer e se desenvolver harmoniosamente em muitas direções.

As diversas etapas do desenvolvimento, com seu valor e características próprias, mostravam as energias latentes na criança, prontas para fazer dela um "ser consciente, sadio e puro". O jogo, como uma das atividades espontâneas da criança – como atividade livre –, possibilita a conquista da destreza e do conhecimento, além do enlace com a natureza e a realidade. Uma outra ideia é de que a criança é dócil, embora não seja verdadeiramente livre porque não adquiriu caráter.

Embora Freud tenha sido educado, se formado e iniciado suas teorizações no momento em que vigoravam concepções como estas, não se viu capturado por elas. A ideia de uma "natureza infantil" passível de ser "modelada", "moldada", seja pela educação ou pela psicologia, é logo cedo desconstruída por Freud. Ele não se pautava na noção de uma

---

[17] Trabalhei este tema em minha dissertação de mestrado, recolhendo do pensamento de quatro pedagogos que tiveram grande repercussão na história da educação daquela época, entre outras, a ideia de criança. Trata-se de Pestalozzi, Herbart, Froebel e Kerschensteiner. Os três primeiros são signatários da tendência psicológica na educação e, em decorrência desse movimento, nasce uma preocupação acentuada com a criança e com aspectos de seu desenvolvimento. Ver: Ferreira (1997, capítulo 1).

natureza que podia ser moldada, sobretudo a partir de seu conceito de pulsão (*Trieb*). Com ele, Freud amplia o conceito de sexualidade – entendida até então apenas na sua dimensão genital – e traz modificações significativas no modo de representar a criança, pois com esse conceito ele lança luz sobre a questão da sexualidade infantil, lembrando que não só na concepção popular, mas também na literatura sobre o tema, a pulsão sexual estaria ausente na infância.

É importante desenhar os contornos do cenário no qual Freud introduz tais questões. A criança era considerada ingênua e pura, e é na natureza infantil que se encontrariam os traços originários da natureza humana. Mas esta é marcada por contradições e cheia de perigos, pois é dada aos vícios da carne e às tendências para o mal. Desse modo, o contato da criança com os adultos e também com seu próprio corpo deve ser absolutamente coibido e vigiado. As ideias de Rousseau – presentes em Pestalozzi, que influenciou os pedagogos daquela época (e até da nossa) – circulavam no ambiente intelectual e cultural de Freud. Assim pensava Rousseau:

> As crianças não têm os mesmos desejos que os homens; mas, sujeitas como eles à sujidade que fere os sentidos, podem, unicamente em virtude dessa sujeição, receber lições de decoro. Segui o espírito da natureza que, colocando nos mesmos lugares os órgãos dos prazeres secretos e os das necessidades repugnantes, inspira-nos os mesmos cuidados em idades diferentes, ora por uma ideia, ora por outra: ao homem pela modéstia, à criança pela limpeza (Rousseau, 1979, p. 238).

Van Ussel (1980, p. 189) vai situar os meios de repressão utilizados no século XVIII e aperfeiçoados no século XIX contra a masturbação: "Meios artificiais – o programa compreendia inocentes bandagens, por vezes chamadas *appareil de miséricorde*, meios mecânicos e intervenções cirúrgicas". Entre os meios mecânicos, destacam-se os aparelhos:

> cordões munidos de guizos que se ligavam em torno dos braços e das pernas, ou gaiolas de malha de ferro muito fina fixadas em torno dos genitais... [...] Os órgãos genitais eram ali encerrados como em pequenas gaiolas, munidas de pontas de ferro em seu interior, de modo que qualquer ereção provocava dor (Van Ussel *apud* Silva, 1986, p. 32).

É neste cenário que Freud vai falar da sexualidade infantil. Em 1905, com seus *Três ensaios para uma teoria da sexualidade*, ele dá particular atenção às questões da sexualidade infantil, desconstruindo, passo a passo, a representação que se tinha até então da criança.

Ele nos adverte quanto ao fato de que os escritores que se dedicaram ao estudo das características e das reações sexuais dos adultos atribuíram muita importância à hereditariedade, esquecendo-se que haveria outro período primitivo da vida do próprio indivíduo que revelaria as características essenciais da pulsão sexual e que poderia mostrar o curso de seu desenvolvimento e a maneira pela qual ele se consolida a partir de várias fontes – a infância. Diz Freud:

> É verdade que na literatura sobre o assunto ocasionalmente se encontram observações sobre a atividade sexual precoce em crianças pequenas – sobre ereções, masturbações e mesmo atividades que se assemelham ao coito. Mas estas são sempre citadas apenas como ocorrências excepcionais, como extravagâncias ou como casos horripilantes de depravação precoce. Ao que sei, nem um só autor reconheceu claramente a existência regular de uma pulsão sexual na infância; e, nos escritos que se tornaram tão numerosos sobre o desenvolvimento das crianças, o capítulo sobre "Desenvolvimento Sexual" é, via de regra, omitido (FREUD, 1972, p. 178).

Para Freud, o corpo da criança, sendo um corpo atravessado pela pulsão, a despeito do que dizia Rousseau, é um corpo de desejo. Certamente, nenhum dos métodos de repressão pode dar cabo disso. Em vários momentos de seu ensino podemos deparar não só com a presença de uma sexualidade infantil robusta, mas também com o fato de que as próprias crianças teorizam sobre as questões da sexualidade, muitas vezes em segredo.

Reconhecendo o mal-estar da cultura, Freud não tinha a crença de que qualquer medida exterior, fosse ela pedagógica ou clínica, pudesse aperfeiçoar o "humano no homem", sobretudo após sua conceitualização da pulsão de morte. A ética na qual sustentou suas postulações psicanalíticas não é a ética do bem, bem-estar, do conforto. A ideia de que se pode "crescer em harmonia" foi logo descartada por ele, uma vez que se dá conta de que os ideais sociais consomem o sujeito fiel ao seu desejo.

A pregnância da noção de um desenvolvimento infantil, ancorada no biológico, faz com que as concepções sobre o "desenvolvimento psíquico" sejam encaradas, ainda hoje, em muitos campos teóricos, na mesma ótica: a de um psiquismo que vai "evoluindo" segundo a evolução do corpo.

É necessário que possamos pensar com Freud o estatuto que ele dá ao aparelho psíquico da criança. Tomarei, para isto, primeiramente a questão dos sonhos.

Freud havia se referido aos sonhos de crianças, entre 1900 e 1901, demonstrando um funcionamento psíquico que não tinha tanto a dever ao do adulto. Discutindo a função do sonho, vai assegurar que seu conteúdo é a representação de um desejo realizado e que sua obscuridade se deve a alterações em material recalcado feitas pela censura. Mais tarde, nas "Conferências introdutórias sobre psicanálise", de 1916, ele retoma o tema. A conferência VIII é intitulada "Sonhos de crianças". Ele inicia seu discurso tratando de uma certa lógica do tempo que o leva a dizer que os chamados sonhos "infantis" não são privilégio das crianças, pois na verdade, sob certas condições, "os próprios adultos têm sonhos que em muito se assemelham aos sonhos tipicamente infantis" (FREUD, 1976a, p. 153).

Freud ainda vai nos dizer que a deformação onírica já se inicia bem no início da infância, e têm sido relatados sonhos sonhados por crianças entre 5 e 8 anos que "possuem todas as características de sonhos de idade maior." No entanto, ele hesita muito em afirmar que os sonhos de criança podem ir além do infantil. Ele diz que esses sonhos de crianças não são absurdos. São, no seu dizer, atos psíquicos inteligíveis e válidos. Acompanhando sua elaboração, podemos ver que ele vai tentando estabelecer uma diferença entre esses sonhos e os dos adultos:

> Um sonho de criança é uma reação a uma experiência do dia precedente, a qual deixou atrás de si uma mágoa, um anelo, um desejo que não foi satisfeito. O sonho proporciona uma satisfação direta, indisfarçada deste desejo (FREUD, 1976g, p. 155).

Ele segue dizendo que esses sonhos não apresentam nenhuma deformação onírica e, por isso mesmo, não exigem nenhuma atividade interpretativa. Não há necessidade de indagar a uma criança que nos relata seu sonho. Neles, diz Freud, o sonho manifesto e o latente coincidem. "Assim, a deformação onírica não faz parte das características essenciais do sonho." No diálogo com os ouvintes ele diz que essas afirmações devem ter causado um certo alívio; entretanto, dá-se conta:

> Porém, quando examinamos esses sonhos mais detidamente, reconhecemos, mesmo neles, uma pequena parcela de deformação

onírica, determinada diferença entre o conteúdo manifesto do sonho e os pensamentos oníricos latentes (FREUD, 1976[1916], p. 155).

Assim, ele vai tomar os sonhos de crianças como aqueles que lhe revelam, de maneira imediata, uma série de esclarecimentos: as funções dos sonhos, enquanto guardiães do sono; a origem situada em duas intenções concorrentes, uma das quais, o desejo de dormir, permanece inalterada, ao passo que a outra luta por satisfazer um estímulo psíquico; a evidência de que os sonhos são atos psíquicos com um sentido; e de que suas principais características são a realização de desejos e vivência alucinatória.

Poderíamos perguntar o que a diferença marcada por Freud em relação aos sonhos infantis, referente à "pouca" quantidade de deformação onírica – que inclusive faz com que eles dispensem a técnica psicanalítica da interpretação – nos informa. Com eles, acrescenta Freud na conferência IX: "Conseguimos explicar apenas um grupo dos sonhos dos adultos – aqueles que descrevemos como sonhos de tipo infantil" (FREUD,1976[1916], p. 165).

Em *A interpretação dos sonhos* em 1900, ele havia dito que:

> Talvez esperemos encontrar as formas mais simples de sonhos nas crianças, visto não haver dúvidas de suas produções psíquicas serem menos complicadas que as dos adultos.

Esta afirmação nos leva a pensar que ele encara o aparelho psíquico da criança como incapaz de produzir, tal como o do adulto, o texto do sonho. Um *hieróglifo* enigmático que carece de interpretação, marcado pelos mecanismos de condensação, deslocamento, deformação, censura... Mecanismos que exigem do aparelho uma certa "prontidão", posto que é um trabalho de extremo requinte. Entretanto, é o próprio Freud que nos esclarece, numa nota de rodapé acrescentada em 1925 à *Interpretação dos sonhos*, que

> A experiência tem demonstrado que os sonhos distorcidos, que necessitam de interpretação, já se encontram em crianças de quatro ou cinco anos, estando isso de pleno acordo com nossos pontos de vista teóricos sobre as condições determinantes de distorção nos sonhos (FREUD, 1976f, p. 136).

Assim, é possível ver como Freud anuncia que tanto os adultos podem ter sonhos infantis, quanto as crianças, sonhos de outros tipos.

Uma criança de três anos e meio, em tratamento há quase um ano, veio a meu consultório trazida pelo pai para uma "sessão extra". Ela havia pedido, após ter acordado muito assustada, para vir para que a analista "tirasse a bruxa de seu olhinho". Ela relata em sua sessão que a bruxa, além de "bater no seu bumbum" e de tê-la feito correr muito, ainda "queria partir sua irmã ao meio". Relatos como estes, de crianças muito pequenas, não nos deixam dúvidas de que o trabalho psíquico é intenso e complexo, tal qual damos testemunho do trabalho psíquico no adulto.

Vale dizer que se Freud fala de sonhos de criança com "pouca" ou "muita" distorção, o que se torna mais importante subtrair daí é que não há dúvidas de que, para ele, a criança é um sujeito, produzido pelo desejo inconsciente.

Se de um lado Freud nos informa sobre esse primoroso trabalho do inconsciente e nos permite concluir que o aparelho psíquico da criança não tem esse caráter "inacabado", que vimos de maneira radical noutros campos teóricos, por outro lado podemos ver que ele estabelece algumas diferenças fundamentais entre o funcionamento psíquico do adulto e o da criança, embora em vários momentos faça retificações em relação ao entendimento vigente do psiquismo infantil.

Para dar um exemplo, entre muitos, vejamos Freud, no Capítulo VI da *Psicopatologia da vida cotidiana*, ao referir-se às lembranças da infância e às lembranças encobridoras, nos assegurar:

> [...] Poderíamos supor que a memória faz uma seleção nas impressões apresentadas, que na infância a seleção é baseada em princípios completamente diferentes daqueles em vigor na época de maturidade intelectual. Uma investigação cuidadosa, contudo, mostra que tal suposição não tem razão de ser. As lembranças indiferentes da infância existem em virtude de um processo de deslocamento: elas, na reprodução [mnêmica], são substituídas de outras impressões realmente significativas (FREUD, 1969d[1901], p. 67).

Se Freud vai desconstruindo aspectos da representação da criança, ele também nos apresenta em que aspectos considera as diferenças em relação aos processos psíquicos de um adulto. Na *Conferência XXXIV*, de 1932, ele nos diz que, compelido a conhecer as "peculiaridades da infância", aprendeu uma grande quantidade de coisas e "pôde corrigir muitas opiniões, geralmente aceitas, acerca da infância" (1969d, p. 180). Inicialmente, descobre que os primeiros anos da infância têm importância especial, até a idade de 5 anos, uma vez que nesse período se dá o surgimento da sexualidade que "deixa fatores causais decisivos para a vida sexual madura".

Posteriormente, ele percebe que a dificuldade da infância reside no fato de que, num curto espaço de tempo, a criança tem que assimilar aquilo que vem da cultura por milhares de anos, incluindo-se aí "o controle de suas pulsões e uma certa adaptação social". Porém, no estágio de seu desenvolvimento, "só pode efetuar uma parte desta modificação", ficando dependente do que a ela é imposto pela educação. Conclui que algumas crianças realizam essa tarefa de modo imperfeito e, durante esses primeiros anos,

> muitas delas passam por estados que podem ser equiparados a neuroses... Em algumas crianças, a doença neurótica não espera até a puberdade, mas irrompe já na infância e dá muito trabalho aos pais e aos médicos (FREUD, 1969a[1932], p. 180-81).

Freud acrescenta que as impressões desse período incidem sobre um "eu imaturo e débil e atuam sobre ele como traumas". Além de um "eu imaturo e débil", Freud marca ainda uma outra diferença que para ele é fundamental: "uma criança é um objeto psicologicamente diferente de um adulto", de vez que "não possui supereu" (1969a, p. 180).

Essas "peculiaridades" da criança fazem com que Freud entenda que ela seja sensível ao tratamento analítico e que os resultados, segundo ele, possam ser seguros e duradouros. Entretanto, o fato de a criança não possuir supereu implica, para ele, modificações na técnica, pois:

> O método de associação livre não tem muita razão de ser, a transferência (porquanto os pais reais ainda estão em evidência) desempenha um papel diferente. As resistências internas com as quais lutamos, no caso dos adultos, são na sua maior parte substituídas, nas crianças, pelas dificuldades externas (FREUD, 1969a[1932], p. 181).

Para Freud, os pais da criança são aqueles que se constituem propriamente em "veículos de resistência", necessitando eles também de certa "influência analítica". Curiosamente, conclui que:

> Por outro lado, as inevitáveis variantes da análise de crianças, diferentes da análise de adultos, são diminuídas pela circunstância de que alguns dos nossos pacientes conservaram tantas características infantis, que o analista (também aqui adaptando-se ao caso) não pode evitar o emprego, em tais pacientes, de determinadas técnicas da análise infantil (FREUD, 1969a[1932], p. 181).

Também aqui, como nos sonhos, a técnica empregada na análise da criança se adequa à análise de alguns neuróticos adultos. Retomarei, posteriormente, essa discussão sobre a técnica, mas é necessário já situar em um texto do próprio Freud sua atenção à "Associação livre numa criança de quatro anos" (1920). Aí ele comenta a sua escuta de uma carta de "uma mãe americana" espantada com o relato de sua filhinha que ouvira a prima comentar que ia conseguir um apartamento: "Se Emilly se casar, vai ter um bebê". A mãe quis saber como a criança entendia isso e ela retrucou: "Bem, quando alguém se casa surge um bebê. [...] Ora, eu sei uma porção de outras coisas. Sei que as árvores crescem na terra... E sei que é Deus que faz o mundo" (FREUD, 1976t, p. 319).

Diz Freud:

> A própria mãe parece ter entendido a transição da primeira observação da criança para a segunda. O que estava tentando dizer era: "Sei que os bebês crescem dentro de suas mães." Não expressava esse conhecimento diretamente, mas de modo simbólico, substituindo a mãe pela mãe terra. Já aprendemos de numerosas observações incontestáveis a idade precoce em que as crianças sabem utilizar-se de símbolos. Mas a terceira observação da garotinha leva avante o mesmo contexto. Só podemos supor que estava tentando transmitir um outro fragmento de seu conhecimento sobre a origem dos bebês: "Sei que tudo é obra do pai". Desta vez, porém, substituía o pensamento direto pela sublimação apropriada; que Deus faz o mundo. (p. 320-321)

Em alguns momentos ele admite que esse *eu fraco, fortifica-se* pela via da identificação no Édipo e, nessa lógica, fala da existência do supereu na infância. Diz Freud em *O eu e o isso*:

> É claro que o recalcamento do complexo de Édipo não era tarefa fácil. Os pais da criança, e especialmente o pai, eram percebidos como obstáculo a uma realização dos desejos edipianos, de maneira que o eu infantil fortificou-se para a execução do recalcamento erguendo este mesmo obstáculo dentro de si próprio. Para realizar isso, tomou emprestado, por assim dizer, força ao pai, e este empréstimo constituía um ato ordinariamente momentoso. O supereu retém o caráter do pai, enquanto que quanto mais poderoso o complexo de Édipo e mais rapidamente sucumbir ao recalque (sob a influência da autoridade, do ensino religioso, da educação escolar e da leitura), mais severa será posteriormente a dominação do supereu sobre o eu. (FREUD, 1976u, p. 49)

Essas primeiras identificações efetuadas na primeira infância serão, para Freud, duradouras, e isto o conduz à origem do supereu. "Por trás dele jaz oculta a primeira e mais importante identificação de um indivíduo, a sua identificação ao pai em sua própria história pessoal" (p. 49).

Dessa forma, Freud vai tecendo o fio tênue que marca as fronteiras das diferenças entre o funcionamento psíquico da criança e do adulto. Vimos perfilar em seu texto uma estreita relação entre um e outro e as diferenças que lhe são, em alguns momentos, muito claras.

Já se pode colher daí algumas indicações da representação de criança que sustenta a teoria de Freud. Não se trata de pensar com Freud que o aparelho psíquico da criança vai se "desenvolvendo", segundo o amadurecimento do corpo biológico, tal como é possível nas correntes teóricas de inspiração psicogenética.[18] Ele não se contenta com um certo evolucionismo naturalista que vai de aspectos biológicos à cultura e que iria, por assim dizer, constituindo um processo cumulativo.

A ideia de "desenvolvimento" é inadequada para nomear o que advém da psicanálise, uma vez que esta ideia é tributária de uma expectativa de que esse "inacabamento", concernente ao infantil, pode vir a se destituir, ficando o aparelho, com o passar do tempo, "completo", maduro, eficaz, equilibrado, podendo inclusive serem corrigidas suas falhas, aquelas que provocam uma certa desarmonia na evolução – os sintomas.

Esta ideia se sustenta em uma crença no "eu", na perspectiva da unidade e da inteligibilidade, o que para a psicanálise de Freud se inscreve no registro do "ideal". O que Freud postula é um aparelho constituído de fraturas, de hiâncias e incoerências, ou seja, um aparelho constituído numa dimensão de falta, de ruptura, de cisão, sendo, por isso mesmo, instável, e não um aparelho capaz de se fazer maduro e completo com o passar do tempo.

Se há ainda um equívoco recorrente de pensar que para Freud era patente a noção de um aparelho psíquico em "formação", marcado por fases de desenvolvimento libidinal e do "eu", é o próprio Freud quem, em 1932, destitui essas premissas e mostra seus avanços:

> Nossa atitude para com as fases da organização da libido modificou-se um pouco, de um modo geral. Ao passo que, anteriormente, enfatizávamos principalmente a forma como cada fase transcorria antes da fase seguinte, nossa atenção, agora, dirige-se

---
[18] Ver: Cirino (1995).

aos fatos que nos mostram quanto de cada fase anterior persiste junto a configurações subsequentes e depois delas, e obtém uma representação permanente na economia libidinal... (FREUD, 1976[1932], p. 124)

Dessa forma é possível ver em Freud a existência de uma lógica marcada não por uma característica evolutiva, mas por uma estrutura de descontinuidade na qual elementos e ações psíquicas persistem, insistem, retornam.

As especificidades concernentes à clínica da criança dizem respeito não a um desenvolvimento, mas aos movimentos da estrutura que já está fundada. A representação de criança que sustenta as conceitualizações psicanalíticas faz um corte com aquela que sustenta as teorias de inspiração desenvolvimentista ou psicogenética.

Se não somos solidários à ideia de "desenvolvimento", tal como ela foi explicitada até aqui, convém que nos ocupemos em trazer uma breve discussão sobre o modo como se dá (ou não) o des-envolvimento do sujeito, sua "saída" do envolvimento, ou a lógica de sua constituição.

A lógica do sujeito e a condição de criança

Algumas expressões circulam entre nós quando se trata de pensarmos a criança na clínica psicanalítica: "O inconsciente é atemporal", "não há psicanálise de crianças, mas do sujeito", "a criança é um sujeito por inteiro", "aos três anos a estrutura já está pronta". Algumas dessas afirmações certamente são fundamentadas. No entanto, ao mesmo tempo em que escutamos afirmações como essas, também escutamos que "a clínica da criança aponta particularidades" e o máximo que conseguimos é justificá-las com mudanças na técnica. Este fato nos impulsiona a tratar essa questão com mais cuidado.

Não basta que se tenha apontado aqui para o fato de que a psicanálise descarta a ideia de uma linearidade entre a maturação orgânica e a constituição subjetiva. É necessário que se possa explicitar essa ultrapassagem do "ser em sujeito" de que nos fala a psicanálise. Sabemos que inicialmente a criança, longe de ser um sujeito, é objeto – objeto do Outro, puro ser vivo. Precisar este ponto de ultrapassagem nos interessa por que ele nos permite balizar, inclusive, aquilo que qualifica a condição de ser criança, uma vez que é em torno dessa condição que giram as questões relativas à especificidade (ou não) de uma psicanálise com crianças e mediante que operações ela se conduz,[19] posto que a pergunta sobre a possibilidade de analisar uma criança já não se coloca mais, já está superada.

Freud, com seu *Projeto para uma psicologia científica*, em 1895, introduz a questão da "experiência de satisfação" como aquela que vem determinar a primeira inscrição fundante do aparelho psíquico.[20] O desamparo (*Hilflosigkeit*), essa carência inicial do bebê humano, não lhe deixa outra saída que a da "assistência alheia de uma pessoa experiente" para a sua sobrevivência. É com o grito que o vivente faz apelo ao Outro para lhe socorrer dessa carência. A tensão do "organismo" só é atenuada com a intervenção de outrem. Pela incapacidade de realizar a "ação específica" – que não é outra senão obter o objeto de satisfação – sem o auxílio externo, o "organismo" é instigado a inscrever-se na linguagem e, com isso, converter as necessidades em demandas. Do Outro lhe vêm não apenas o alimento, mas a palavra. A função do grito nesta inscrição é fundamental, uma vez que, desde o começo, ele faz enodamento com a linguagem. A trama da relação do sujeito com a linguagem, é para Freud, esclarecida por essa emergência do objeto. Há objetos que impulsionam o grito, porque causam dor, por exemplo, estabelecendo-se aí uma articulação entre o grito e o objeto, desde que escutado pelo Outro. A partir daí, "só falta um curto passo para chegar à invenção da linguagem", diz Freud.[21]

O grito que convoca o Outro funciona como o ingresso do sujeito à linguagem, uma vez que a mãe, enquanto um esteio, sustenta o corpo do bebê e seu destino, já que traduz em significantes seu apelo. A mãe, enquanto Outro, vai mais além de sua função de maternar, de cuidar, ela entra com sua dimensão simbólica. Desde o lugar do Outro, a mãe constitui um saber das demandas e confere a elas um sentido. Sua função interpretativa não é isenta de seus caprichos. Assim, o bebê dá-se a ler pela mãe, que decide pelo significado.[22]

O vivente é então submetido a esse Outro que tem o poder da palavra sobre ele. Esta é, pois, a *operação de alienação* de que fala Lacan – uma das operações lógicas de constituição do sujeito. As operações de constituição

---

[19] Sobre este tema, ver: Vorcaro (1997).

[20] Ver: Vidal e Vidal (1995, p. 117-120).

[21] Refiro-me ao texto de Freud (1977b, p. 382).

[22] Eduardo Vidal nos adverte sobre o fato de que neste sentido a onipotência não é do bebê, como a psicanálise tende a afirmar, mas do Outro que decide pelo significado da mensagem e age concomitantemente. Ver: Vidal e Vidal (1995, p. 121).

do sujeito – alienação e separação – estão incluídas no tempo, mas com uma logicidade que nada tem a ver com uma lógica "evolutiva".

Na alienação o sujeito é representado por um significante. O sujeito não é nada, ele não pode subsistir porque falta o segundo significante. Nesse movimento, surge um outro significante e o sujeito é então representado por um significante para outro significante. Contudo,

> Antes de poder articular a cadeia significante, o sujeito é um X no campo do Outro. Só num segundo tempo, ele se inscreve a título de demanda. Neste tempo constitui-se o dito que porta a marca do capricho do Outro, de seu caráter insensato. O sujeito encontrará, na cadeia significante, a dimensão que espera seu complemento do Outro (VIDAL, 1995, p. 130).

Esse lugar do Outro é definido por Lacan como o lugar em que se situa a cadeia significante que põe a comando tudo o que se presentifica do sujeito.

O significante, produzindo-se no campo do Outro, faz surgir o sujeito de sua significação. Mas ele só funciona como significante reduzindo o sujeito em instância a não ser mais do que um significante, petrificando-o pelo mesmo movimento com que o chama a funcionar, a falar, como sujeito (LACAN, 1981[1964], p. 197).

Essa alienação constitutiva se põe em marcha quando se trata da identificação do sujeito à imagem do corpo. O alcance da imagem idealizada pelo desejo alheio é aquela que fica na mira do sujeito. Este é o tempo constitutivo do imaginário, momento de formação do "eu", através da relação especular com o outro. O lugar do outro é o lugar do espelho, e o sujeito, virtual, ainda *infans* se precipita na captura da imagem do semelhante, e se reconhece, jubilatoriamente, na imagem que lhe chega do Outro, desde que esse Outro lhe dê a aquiescência de seu olhar.

Não obstante, à operação de alienação segue-se a *operação de separação*, também responsável pela lógica da constituição do sujeito. Enquanto o sujeito espera do Outro seu complemento, falta um significante. A mãe, ao ocupar o lugar do Outro, apresenta a falta que o *infans* é chamado a recobrir. É, pois, no nível da separação que entra em jogo a falta e o desejo, posta em ato pela metáfora paterna que virá nomear a falta no Outro.

A separação é, na lógica freudiana, o que se articula à castração materna. No primeiro tempo da separação, o objeto irrompe como o que falta ao Outro, ao passo que, no segundo tempo da separação, o sujeito responde como faltoso, como barrado frente à falta do Outro. Essa falta, ele a articula com o objeto que falta ao Outro. Este é o momento em que o sujeito se torna interrogante do desejo do Outro que se prostra para ele, como enigmático. A resposta do sujeito é buscar um objeto que possa preencher essa falta no Outro. O falo seria então, num primeiro tempo, aquilo que poderia completar o que falta ao Outro e deve adquirir o estatuto de significante do objeto perdido. No entanto, isso só se torna possível através da metaforização do desejo do Outro materno, pelo Nome-do-Pai, significante da falta no Outro.

A operação de separação é o tempo marcado pelo surgimento da falta no Outro, e o seu segundo tempo é o tempo em que o sujeito tenta construir, no fantasma, uma resposta à falta do Outro.

Os tempos de alienação e separação são trilhamentos do sujeito no labirinto do Édipo. É em função dos amores edípicos e da posição do sujeito frente à falta do Outro que se constitui para o sujeito a entrada em cena da estrutura psíquica. No dizer de Freud, "a escolha" – que é sempre escolha forçada, dadas as vicissitudes da pulsão – da estrutura, fruto da trama da relação que o sujeito pode vir a estabelecer com a função fálica e com a função paterna.

São as modalidades da posição do sujeito frente à falta do Outro que somos chamados a interrogar, quando se trata de pensarmos as estruturas clínicas.

Contudo, uma questão preliminar é inquietante. Ela se refere justamente a essa função do sujeito e do Outro que nos convoca a um debate sobre a condição de criança e nos faz interrogar se haveria uma ética psicanalítica própria à criança com a qual sustentamos a clínica.

O que se passa é que aqueles que sustentam a criança – com sua provisão libidinal e material – seus pais (ou responsáveis), "as potências tutelares do amor",[23] abraçam a criança com seus ideais. Esses ideais funcionam como uma negação da castração. É preciso que nos perguntemos, então, qual a relação desse "Outro", que os pais[24] são chamados a representar, com o Outro, que poderíamos chamar o Outro simbólico? Ou, como esses, cujo ideal sutura a castração, poderiam dar acesso a esse Outro simbólico?

---

[23] Expressão utilizada por Soler (1998).

[24] É certo que a mãe e o pai não têm a mesma posição, tampouco a mesma função. Entretanto, preferi discutir esses aspectos em outros momentos da elaboração.

As respostas a questões como estas nos chegam na clínica. E porque chegam, nos incitam a pensar, de um lado, nos modos de resposta da criança a essa encruzilhada que lhe é imposta por sua condição – responder ao ideal e manter-se na alienação ou na afânise ou fazer furos neste ideal, mantendo sua condição de sujeito – e, de outro lado, na necessidade de nos interrogarmos sobre a ética que mantém o lugar do analista.

Bem, a este ideal que vem do "Outro", destes que são seus pais ou responsáveis, a criança é chamada insistentemente a responder, ao preço de ver-se impactada com a sutura da castração que possa promover nela própria e nos pais. Se responde, mantém-se na alienação.

Isso chega à clínica, às vezes, com todas as letras. Diz uma criança de 9 anos, em análise: "Faço tudo o que meu pai quer, pois quando não faço, ele não me dá atenção, não brinca comigo".[25]

Outras vezes, a manifestação clínica é do "avesso da alienação", quando a criança se opõe a tudo o que a mãe lhe demanda: "Não vou fazer o que ela quer".[26] Ocupado em ler como desejo a demanda do Outro, o sujeito se perde de seu próprio desejo.

Entretanto, quando a criança não responde a esse ideal, quando recusa a alienação, aparecem as "falhas" que conduzem os pais ao nosso consultório. Mas são justamente estes "pontos de falha" que viriam para interceptar uma resposta ao ideal, mantendo a criança na sua condição subjetiva. Essas falhas são tentativas de "destampar" a castração que o ideal tenta recobrir. Elas vêm, algumas vezes, no campo do saber. São os problemas de aprendizagem, outras vezes, problemas de "desadaptação", ou ligados ao comportamento.

Conduzidos pelo mal-estar desta reposta da criança, os pais se encarregam de fazer a demanda ao analista. Mas, às vezes, o que o analista pode fazer não coincide com o que dele se espera. Aqui, trata-se da "criança como sintoma", e não do "sintoma da criança". Esta questão será analisada em capítulos posteriores.

Uma outra questão importante é o destino do desejo do sujeito. Na condição de criança, seu desejo não encontra aval no social. Ele deve ser silenciado. Eis o que Freud chamou de "período de latência" – tempo

---

[25] Extraído do relato em supervisão de Fabiana Peralva Lima, que conduzia o tratamento.

[26] Ronara Nunes relatou em supervisão clínica uma série de exemplos dessa natureza escutados de uma criança em tratamento.

em que o sujeito não pode se pronunciar como sujeito sexuado, como sujeito de desejo. É no brincar que os resíduos desse desejo silenciado se apresentam, quando não, nas manifestações clínicas que testemunhamos.

A condição de criança, presa do ideal do Outro, no entanto, não impede que variados modos de respostas se produzam. A despeito de sua localização no tempo, o sujeito, às voltas com a castração, produz seus recursos e, de uma forma ou de outra, seja pela via das "falhas" ou sob o jugo do sintoma, da inibição e da angústia – há que se organizar frente ao campo do Outro, e é exatamente isso o que nos chama a nos pronunciarmos sobre os volteios das histórias que chegam à clínica. Cabe ao analista, em nome de sua ética, ir mais além do estatuto de criança que é dado pelo Outro, para encontrar a questão do sujeito ou, dito de outro modo, "como se tem organizado e se constituído como sujeito a partir daquilo que lhe tem sido proposto do desejo, do saber e do gozo dos pais." (LEFORT, 1984, p. 68). Mais do que aquilo que determina a realidade da criança, interessa-nos interrogar sua posição subjetiva frente àquilo que a determina.

Estas modalidades de respostas são correlatas às estruturas clínicas.

As estruturas clínicas

Não pretendo realizar aqui um estudo aprofundado das estruturas clínicas – neurose, psicose e perversão. No entanto, não poderia deixar de introduzir algumas questões que nos conduzirão ao campo da clínica.

Existiria uma identidade entre a neurose infantil e a neurose da criança? Existem sintomas específicos da criança?

Se não devemos recuar diante da psicose, como nos assevera Lacan no que se refere à psicose da criança, haveria lugar para o ato analítico? Mediante que operações?

Os autismos podem ser situados no campo das psicoses? Quais as distinções a serem destacadas entre as crianças autistas e as claramente delirantes? O que dizer do funcionamento psíquico de um sujeito nos autismos?

No que tange à perversão, se Freud nos alerta sobre a condição da criança enquanto "perversa polimorfa", podemos falar de uma estrutura perversa na infância? A psicanálise teria algo a dizer sobre isso?

Estas são perguntas que animam debates entre os psicanalistas de crianças e que eu não poderia deixar de aventar. No entanto, não tenho o compromisso de respondê-las, mas de formalizá-las com o maior rigor possível.

A neurose da criança não existe para a psiquiatria

Ancorada na representação que sustenta as correntes psicogenéticas, a psiquiatria não admite existir na criança uma estrutura neurótica. Folheando os manuais de psiquiatria da infância,[27] encontramos, sob o título

---

[27] Cito os dois manuais mais conhecidos entre nós: Ajuriaguerra e Marcelli (1991); Lewis (1995).

de "Distúrbios e organizações de aparência neurótica" ou "Transtornos globais do desenvolvimento ou de conduta", toda uma gama de considerações acerca daquilo que a psiquiatria entende sobre as "aparentes" manifestações de neurose e das psicoses na criança. Sob o signo de "condutas fóbicas", "condutas infantis obsessivas" e "condutas infantis histéricas", vai selecionando aquelas que considera "psicopatológicas", dependendo do "grau" com que se apresentam.

Ajuriaguerra (1991, p. 268) se opõe a adotar uma atitude "adultomorfista" para a "habitual" distinção entre histeria, obsessão e fobia, alegando que, no campo da psiquiatria infantil, isso não corresponde a uma realidade clínica, salvo nos últimos estágios da adolescência. As eventualidades das interações vividas pela criança e as modificações impostas por seu crescimento dão a ela uma plasticidade bem diferente das neuroses do adulto e obrigam os psiquiatras a distinguirem dois níveis de estudo dessas manifestações:

> O nível das principais condutas patológicas mentalizadas (os clássicos sintomas fóbicos, histéricos, obsessivos etc), e o nível de uma "eventual organização estrutural" subjacente com todas as conceptualizações teóricas que a subtendem (AJURIAGUERRA; MARCELLI, 1991, p. 268, grifo meu).

Ele propõe um debate animado sobre as reservas que vários autores têm em considerar a estrutura neurótica na criança, uma vez que não há uma suficiente "interiorização" das relações de objeto e, sobretudo, uma "diferenciação tópica entre as instâncias superegóica e egóica" que permitem o arranjo de um conflito dito neurótico. Isto explica para muitos autores a exclusão da criança, sobretudo antes dos 5 anos, do campo das neuroses e a fluidez da sintomatologia em função da maturação da criança.

Essa maneira de conceber as questões ligadas à criança não nos deveria ocupar, não fossem seus efeitos sobre a clínica. Colocar a ênfase na "conduta" implica considerar que podemos remodelar esses comportamentos da criança, levando-a ao estado que consideraríamos "normal", promovendo uma certa alienação, uma vez que este estado viria responder ao ideal do Outro. E o que é pior, dá lugar à noção de *deficit*, que tem levado à exclusão social e à reclusão de crianças a instituições especializadas, ou a uma série de procedimentos clínicos e pedagógicos sequestradores da cidadania da criança.

A neurose infantil e a neurose da criança

A distinção entre os termos "infantil" e "criança" torna-se aqui necessária para nos situar na lógica com que Freud operou com esses termos, o que nos permite pensar a neurose infantil e neurose da criança. Vou desenvolver o tema da maneira como o compreendo e retornar a Freud para que seu texto nos fale.

O termo "infantil", em Freud, refere-se menos à questão da idade do que à da questão da "posição" do sujeito frente "ao modo de satisfação pulsional". Podemos dizer, com Lacan, que se refere à posição do sujeito frente *ao gozo*. Esse modo de satisfação pulsional, ou modo de gozo, diz respeito à relação do sujeito ao Outro. É justamente "essa exploração infantil da relação com o Outro que desemboca num impasse que Freud identificou como neurose infantil" (SAURET, 1997, p. 20).

Curiosamente, Freud descreve um caso de seu paciente adulto, o conhecido "homem dos lobos", como a "história de uma neurose infantil", enquanto a história clínica de uma criança de 5 anos foi denominada por ele de "histeria de angústia". Que lógica é essa que faz com que Freud entenda a neurose de seu paciente adulto como uma neurose infantil e a de uma criança simplesmente como neurose?

Antes de ater-me a essa questão, retomarei aspectos daquilo que denominei anteriormente de "falhas" da criança, dificuldades que, às vezes, vêm como resposta ao ideal do Outro.

É bem verdade que o que a criança articula, nessas dificuldades, se deve à estrutura. Pode-se dizer que "há entre as dificuldades da infância e a neurose da criança a mesma distância entre o conteúdo manifesto do sonho e seu conteúdo latente" (GARCIA, 1992, p. 5). Contudo, há dificuldades que em nada incomodam a criança, senão a seus pais ou ao meio social no qual está inserida. É o que podemos chamar a "criança como sintoma", e não o sintoma da criança. O sintoma da criança surge quando ela se mostra perturbada pelos conflitos inconscientes.

Quando nos deparamos na clínica com o que estou chamando "criança sintoma",[28] trata-se de uma intervenção que vai recair sobre os pais (ou outras instâncias) e, não necessariamente, sobre a criança. É o

---

[28] Bernard Nominé, em conferência em Belo Horizonte, em 1997, nos indica também a posição da "criança sintoma" como condição da criança psicótica. A criança sintoma da mãe toda, da mãe não dividida, "inteiramente mãe", frente a quem a criança mesma *se faz* sintoma.

que Freud chamou de uma certa "influência analítica", que promoveria uma retificação dos pais frente às dificuldades da criança.

Voltemos à discussão: neurose infantil e neurose da criança. A neurose infantil é constitutiva. Quando Freud denomina a neurose de seu paciente adulto de infantil, ele está se referindo à neurose infantil, enquanto estrutural e estruturante. No momento em que se dá o confronto com a castração do Outro e com o enigma do desejo do Outro, reenviando o sujeito à sua própria castração – colocada para o sujeito no momento de uma certa organização sexual, cujo operador é o falo –, o sujeito responde com a neurose infantil. Trata-se pois de uma resposta às vicissitudes da operação de separação, com tudo o que ela comporta de traumática para o sujeito, que, como vimos anteriormente, dará se intervir entre a mãe e a criança, o Nome-Do-Pai, permitindo que se coloque, sob a barra do recalque, o lugar prefigurado pelo desejo da mãe.

A neurose infantil é uma construção produzida *a posteriori* (*Nachträglich*) na análise, como escrita da estrutura. Daquilo que resta como efeitos de uma marca e seus traços que dizem respeito à entrada do sujeito na linguagem (VINHEIRO, 1997, p. 3). É por essa razão que Freud sustenta que toda neurose tem, em seu fundamento, uma neurose infantil e é em torno dela que gravitam as questões da cena primária, do trauma, da sexualidade infantil e do fantasma.

No dizer de Freud, o desenlace do complexo de Édipo requer uma série de operações para que o "eu" lhe volte as costas. Veremos como Freud se orienta em relação a isso.

O texto que escolhi para dar vigor a esse debate é de 1924, "O naufrágio do complexo de Édipo", que retoma como se dá esse afastamento e sinaliza que o que ocasiona a demolição do Édipo é a "ameaça de castração". Primeiro, diz Freud, os investimentos libidinais são abandonados e substituídos por identificações – cuja exigência é de que as tendências libidinais do complexo de Édipo sejam dessexualizadas e sublimadas. A autoridade do pai é introjetada no "eu", formando-se o núcleo do supereu, que assume a severidade do pai, impedindo o retorno dos investimentos libidinais. As tendências libidinais pertencentes ao Édipo são em parte transformadas em identificações e são também inibidas em seu objetivo e transformadas em afeição.

É neste ponto que nos interessa acompanhar sua lógica. Ele diz que este afastamento do "eu" diante do complexo de Édipo pode ser chamado de "recalcamento". Porém, isso que ele descreve é mais do que um processo de recalcamento; trata-se de uma *demolição* e de uma *suspensão* do complexo de Édipo. E aí, diz Freud,

> Chegamos à linha fronteiriça – nunca bem nitidamente traçada – entre o normal e o patológico. Se o eu de fato não conseguiu muito mais que um recalcamento do complexo, ele persiste em estado inconsciente no isso e manifestará mais tarde seus efeitos patológicos. (FREUD, 1976t[1924], p. 223)

Assim, podemos dizer, a partir das formulações de Freud, que uma falha nessas operações de afastamento do complexo de Édipo – recalcamento, demolição, suspensão – faz com que a neurose da criança se precipite.

Sabemos que toda demolição deixa entulhos, que, para serem suspensos, implicam arranjar uma série de instrumentos especiais que levem ao cabo este trabalho. A neurose da criança seria então um "arranjo" para lidar com o que resta de entulhos que não puderam ser suspensos.

Contrariamente ao que diz a psiquiatria, tanto a neurose infantil quanto a neurose da criança existem para Freud:

> Também as crianças têm suas neuroses, nas quais o fator de deslocamento para trás, no tempo, é necessariamente muitíssimo reduzido ou até mesmo está completamente ausente, pois nelas o início da doença advém imediatamente após as experiências traumáticas. [...] As neuroses de crianças são muito comuns, muito mais comuns do que se supõe. Muitas vezes, elas deixam de ser notadas, são consideradas sinais de uma criança má ou arteira, muitas vezes também são mantidas sob estado de sujeição pelas autoridades responsáveis pelas crianças; porém, sempre podem ser reconhecidas, retrospectivamente, com facilidade. Em geral, surgem sob a forma de uma neurose de angústia. [...] Pudemos analisar exemplos destas neuroses infantis na própria infância – quando estavam realmente presentes (FREUD, 1976t[1916-17], p. 425).

Anteriormente, em 1913, em seu trabalho "A disposição à neurose obsessiva", Freud nos diz que "as formas mórbidas da histeria" se observam já na primeira infância, enquanto a "neurose obsessiva" manifesta habitualmente seus primeiros sintomas no segundo período da infância.

Na clínica constatamos que o sujeito não espera o momento cronológico para mostrar seu efeito. Recentemente recebi um belo menino de 4 anos e meio, trazido à clínica em nome de uma encoprese e de agitação. Ele desenvolvera um ritual obsessivo muito bem-construído. Precisava despir-se todo na hora de evacuar e de usar o vaso sanitário, quando não fazia cocô nas calças, e, depois, ele diz não saber por que precisava espalhar cocô pela casa, aos olhos de seus pais escandalizados, sempre da mesma maneira. Depois deste momento era tomado de muita agitação. A inibição para falar foi dando lugar a muitas histórias contadas a partir de desenhos ricos em tipos de cocô, que após traçados e comentados, a analista deveria escrever o que o menino ditava. Quase sempre insistia muito em levá-los para serem entregues ora ao pai, ora à mãe.

Numa de suas sessões, levou um livro que ele mesmo "tinha escolhido na escola para os pais comprarem". Era a história de uma "pequena toupeira" que queria saber quem tinha feito cocô em sua cabeça. Ela perguntava à pomba se havia sido ela, e a pomba respondia que não, mostrando como era o seu cocô. E assim com o cavalo, a vaca, a lebre, o porco... Todos mostravam seu cocô. Até que as moscas descobrem que era o cocô do cachorro "João Valentão". Ele pedia que esta história fosse lida em suas sessões, repetidas vezes, e se punha a desenhar pedindo que se escrevesse o que figurava nos desenhos – que já não eram mais levados dali, a não ser com outros temas, conforme a analista havia pontuado: é necessário ficar mostrando ao pai ou à mãe estes desenhos de cocô? O final da história mostra que a pequena toupeira, tendo descoberto que tinha sido o cachorro, vinga-se, fazendo ela mesma um "cocozinho" na cabeça dele. Este menino jubila com a vingança e diz que seu cocô também era uma vingança, momento em que a analista corta a sessão. O ponto de gozo desse sujeito era justamente este da mostração e da tentativa de compartilhar um objeto não partilhável, na medida em que não se trata de um objeto estimado. As fezes são entregues não como um "presente", mas como uma resposta agressiva ao casal que havia lhe dado uma irmãzinha recentemente – momento em que seu sintoma é desencadeado –, e que certamente operou uma separação forçada entre ele e a mãe – adiada por um pai muito gentil – e um confronto brusco com sua própria castração, da qual ele não queria saber.

Em um determinado momento da análise, a agressividade que só habitava o gesto "escandaloso" – no dizer da mãe – começa a se colocar em seu discurso, muitas vezes endereçado à analista, sobretudo quando recebia um dos pais, ao final de cada sessão, nem que fosse para cumprimentá-lo e fazer a marcação da sessão seguinte. A mãe também se queixa de certa "rispidez" pronunciada com todos. A agressividade aparecia nos desenhos de "pai enforcando uma menina" ou de "ônibus avançando o sinal e atropelando crianças", ou, ainda, "de lobos invadindo festa de aniversário de criança e sendo morto pelo seu pai". Neste momento a analista é comunicada de que ele não estava mais fazendo cocô na calça e que tinha abandonado o ritual do banheiro.

Passado esse tempo do tratamento, inicia-se o ritual com alguns pequenos objetos de espuma, que deveriam todos ser tampados... O miolo da flor, o sol, os buracos da tesoura, enfim tudo deveria ser "completado" compulsivamente. Os mesmos objetos que outra criança, que de vez em quando vinha antes dele às sessões, utilizava para "descompletar". Para ele, tudo haveria de estar completo, sem qualquer marca de falta. Depois desenhava, pedindo que a analista escrevesse o que dizia. "Se descompleta a mãe não gosta e o pai bate." Relatou que era assim que procedia com seus próprios objetos. Tudo deveria estar tampado ou completo. Neste ritual, passava seu tempo.

Um menino de 8 anos era "cheio de manias". Precisava entrar sempre com o pé direito em todos os lugares, inclusive, no consultório. Se entrasse com o pé esquerdo "alguém podia morrer". Esse gesto causava transtorno e impaciência nos pais, professores e colegas. Ele também tinha de ver muitas vezes se a camisa estava do lado avesso, pois o pai lhe teria dito tempos atrás que "quem usava roupa do lado avesso era morto". Ouvira dizer também que se o sapato estivesse virado, "a mãe morreria". Assim, repetia muitas vezes o ato de verificar se os sapatos no armário estavam virados.

Numa de suas sessões, diz que as "manias" começaram quando estava deitado com seu pai vendo televisão e os dois ouviram um barulho no quarto da irmã. Ele impediu o pai de se levantar e, horas depois, a irmã pequena foi encontrada desmaiada após uma convulsão que "havia deixado ela muito doente. Aí fiquei cheio de manias". Como suportar o gozo de estar "deitado com o pai", impedindo-o de se levantar para acudir a irmã "quase morta"? Assim, esse gozo, do qual o sujeito não pode abrir mão, dada a exigência da pulsão, é deslocado para sintomas obsessivos severos. A poética sexual insiste pelo viés do tema da morte, que retorna em suas ideias compulsivas, pivô dos rituais obsessivos.

A clínica é pródiga em exemplos dessa natureza, e o nível de sofrimento do sujeito é muito grande. Entretanto, se pensamos a neurose infantil como um fato lógico estrutural, necessário ao confronto com a castração, alguns psicanalistas se opõem em definir uma neurose no tempo mesmo da infância, estabelecendo uma distinção entre a neurose do adulto e a neurose, enquanto estrutura, na criança.

Para eles, a neurose do adulto vai implicar uma eleição em relação ao gozo, articulado no fantasma, enquanto a neurose infantil se constitui numa eleição relativa ao desejo. Enquanto o adulto pergunta-se sobre o gozo da mulher, a criança pergunta-se sobre o desejo da mãe. Só na adolescência é que poderiam ser verificadas as eleições infantis do gozo, eleição que se opera sobre o gozo articulado no fantasma.

> A resposta fálica ao enigma do desejo do Outro será a saída da infância. Porém uma nova dimensão de gozo que se abre na puberdade abrirá a pergunta pelo mais além. (Mais além do falo, o que supõe a plena vigência da função fálica.) A criança não só está excluída da aptidão para a reprodução, mas por não ter acesso ao encontro sexual fica excluída de um saber: "não há relação sexual". Não saber que as teorias sexuais infantis suprem (DIHARCE; CANÓNICO, 1995, p. 85, tradução minha).

Estes autores criticam a elaboração de Éric Laurent (1987) sobre um caso clínico de histeria numa criança de 4 anos e meio, intitulado "O objeto na psicanálise com crianças". Indagam "se é possível definir uma histeria sem levar em conta seu gozo". Alegam que não encontraram, no caso apresentado, as modalidades de gozo que habitualmente as histéricas apresentam numa análise, concluindo:

> Mantemos então como interrogação a questão de falar de um sujeito definido como neurótico a partir de sua colocação no desejo; ou a necessidade de se esperar a verificação desta eleição, na puberdade, com a articulação do gozo via fantasma (DIHARCE; CANÓNICO, 1995, p. 86, tradução minha)

Sabemos, porém, que a relação do sujeito ao Outro está estruturada como um fantasma, que será animada pelo fantasma dos pais. O fantasma é justamente a resposta à não existência da relação sexual. A criança, engajada no campo fantasmático, está, portanto, inserida no campo da não relação sexual. Não se pode deslizar da questão de não ter acesso ao ato sexual com a da "não há relação sexual". O fantasma se constitui numa lógica que diz disso: de que não há relação sexual (VIDAL, p. 105).

Se a criança não tem acesso ao gozo sexual – o que nos interessa verdadeiramente na clínica é a função do fantasma para o sujeito, os modos de uso do fantasma. O fantasma é a primeira resposta do sujeito ao enigma do desejo do Outro. Ele tem uma relação com o gozo, sustenta o gozo. Um gozo silencioso da pulsão, que interpela o campo do Outro, a falha, a hiância do campo do Outro. É aí que a criança se inscreve.

Enfim, a neurose infantil é o que emoldura tanto a neurose da criança quanto a do adulto. A neurose da criança é, portanto, uma construção ao que se evidencia como falha na transmissão da castração.

A clínica das neuroses – inibições, sintomas e angústia

Podemos dizer que a neurose da criança é vigorosa. Tratarei agora de seguir recolhendo, da clínica, suas manifestações.

Lacan chamou de "Nomes-do-pai"[29] as inibições, os sintomas e a angústia. Quando falha o que viria dar consistência à estrutura, o sujeito cria recursos na tentativa de fazer enodamento dos registros imaginário, simbólico e real. Assim, tanto o sintoma quanto a inibição e a angústia operam como uma "gambiarra" para manter uma certa amarração da estrutura.

Freud, em 1926, em seu trabalho "Inibições, sintomas e angústia", dedica-se a diferenciar a inibição do sintoma. A inibição concerne à redução das potencialidades de ação de um sujeito e tem uma relação especial com as funções do "eu", diferentemente do sintoma. "Quando Freud escreve que o sintoma não diz respeito ao *Ich*, trata-se do sujeito capaz de agir, e não do 'eu' (*moi*) como instância imaginária, que é inteiramente atravessado pelo sintoma" (POMMIER, 1987, p. 178). O "eu" renuncia a determinadas funções a fim de evitar novas medidas de recalcamento, como "precaução", no dizer de Freud, aos efeitos de uma "acentuada erotização" da ação. As fantasias inconscientes invadindo o "eu" fazem com que ele renuncie, pela via da inibição, a algumas funções. Freud assinala também que algumas inibições "representam o abandono de uma função porque sua prática produziria angústia" (FREUD, 1976q [1926], p. 108).

Para Freud, há uma inibição própria do ato e uma *inibição sintomática* – aquela que surge como consequência do sintoma. Na clínica podemos testemunhar esses dois movimentos do sujeito. O primeiro, de uma inibição que não teria valor de sintoma, recai sobre o ato, que guarda "uma relação estrutural com a inibição"[30] e o segundo, quando a

---

[29] Verificar Seminário R.S.I, 1974/1975, Seminário de 14 de janeiro de 1975, p. 18, inédito.

[30] Ver: Vidal (1992).

inibição se torna um sintoma. Freud já havia descrito isso, a propósito de Hans, apontando que seu medo intenso de cavalos era o sintoma e sua impossibilidade de sair à rua, uma inibição, certa restrição para liquidar o despertar da angústia.

O sintoma – um modo de resposta...

O sintoma distinguido da inibição por Freud não atua sobre a função do "eu". Se para a medicina o sintoma é sinal de uma doença, para a psicanálise de Freud "é sinal e substituto de uma satisfação pulsional" (FREUD, 1976t[1926], p. 112). A satisfação que provocaria desprazer é desviada de seu curso e encontra âncora no sintoma. O sintoma é consequência do recalque, a língua do recalque – uma língua amordaçada.

Em momentos anteriores de sua teorização, Freud assinala que o sintoma tem um "sentido"[31] (*sinn*) inconsciente e está estritamente ligado à experiência daquele que teceu o texto do sintoma, na medida em que este só se interpreta a partir dos primeiros encontros do sujeito com a realidade sexual. Essa postulação é de muito valor clínico, na medida em que nos alerta para o fato de que mesmo aqueles sintomas "típicos" de uma dada estrutura não podem ser tratados da mesma maneira, posto que eles têm um sentido inconsciente, a marca, o "sê-lo" do sujeito.

O sintoma é o que faz a função de transformar um gozo proibido, numa metáfora que tem valor de enigma, de um enigma a decifrar.

Existiria sintoma específico da criança?, podemos nos perguntar.

Lacan trata a questão do sintoma da criança em dois momentos fundamentais: em 1956/1957, no Seminário *A relação de objeto* e, em 1969, nas *Notas sobre a criança*.[32] No primeiro momento, em seu Seminário, Lacan evidencia a clínica da neurose da criança como uma clínica das questões, na medida em que a neurose é organizada e estruturada como uma questão, uma "questão fechada" para o sujeito. O sintoma advém como uma resposta que o sujeito dá a essa questão, mas não sabe a que responde. Na clínica das questões é preciso que o analista faça uma escuta das modalidades de resposta que o sujeito produz e que se manifestam

---

[31] Refiro-me às teorizações sobre *o sentido dos sintomas*, de 1916, que constam em Freud (1976[1916]).

[32] Verificar Lacan (2003).

pela via do sintoma, uma resposta inventada ao enigma que é, para o sujeito, o Outro.

Em 1969 (p. 369), Lacan vai dizer que "o sintoma da criança se encontra em posição de corresponder[33] ao que há de sintomático na estrutura familiar." Diz também que o sintoma pode advir como "representante da verdade do par parental", ou ainda, como "consequência da subjetividade da mãe".

Antes de ater-me à discussão desses pontos, que têm sido amplamente debatidos entre os psicanalistas daqui e de outros países – o que faz com que seja muito difícil produzir sobre eles alguma novidade –, vou trazer algumas questões que considero importantes assinalar.

Começo por interrogar se essas intervenções de Lacan abriram campo para muitos equívocos que têm circulado entre nós, servindo para uma diferenciação entre o sintoma da criança e do adulto, o que acaba por produzir adaptações grosseiras na clínica. Sabemos, com Freud e Lacan, que tanto a estrutura quanto a função do sintoma são uma só. Não se pode deixar de sublinhar que o sintoma, seja da criança ou do adulto, está ancorado no campo do Outro: o sintoma é um remédio produzido pelo sujeito para a falha do pai. Colette Soler,[34] a propósito da psicose, diz que a elaboração delirante se constitui para o sujeito num "autotratamento do real". Arrisco dizer que para os neuróticos o sintoma tem esta mesma função: a de um autotratamento do real da castração. É sinal de um sujeito "trabalhador do inconsciente" e não do "mártir do inconsciente"– como aquele que padece de fenômenos psicossomáticos, por exemplo.

Alguns analistas perguntam-se a quem pertence o sintoma da criança. Se a ela, à mãe ou ao pai. Esta pergunta nos faz retornar à questão da representação, pois ilustra bem o modo de concepção de criança, apartada de sua condição de sujeito.

Martine Lerude Fléchet (1989, p. 40), em *Algumas observações sobre os sintomas da criança*, apresenta uma formulação importante para o nosso debate. Ela afirma que os sintomas da criança "são radicalmente distintos" dos sintomas do adulto, na medida em que "seu enunciado não pertence à criança", mas àqueles que encarnam para ela os "Outros reais" – frequentemente os pais. Mesmo que o sintoma se afirme como

---

[33] Encontramos também, em algumas traduções, o termo "responder".
[34] Refiro-me ao livro *Estudios sobre las psicoses* (1991).

emergência do real no corpo da criança, ele é um dizer pertencente ao campo simbólico daqueles que trazem a queixa.

Não saberia dizer se há enunciado que não pertença ao campo do Outro. Ora, o que a psicanálise ensina é que importa mais a posição do sujeito frente ao enunciado, ou seja, aquilo que Lacan chamou de *enunciação*. Sabemos que o sintoma é portador de uma enunciação e ela é a assinatura do sujeito do inconsciente.

Na clínica podemos nos deparar com um sintoma ancorado de uma forma direta ao enunciado do Outro, mas sua enunciação não faz mais que responder a essa insuficiência do Outro na sua função de transmitir a castração. Podemos nos deparar também com sintomas cujo texto parece escrever, de forma enigmática, a interpretação daquilo que do Outro se constitui estruturalmente como falta.

Retomemos alguns fragmentos clínicos para ilustrar estas duas situações. Uma criança é levada à clínica em função de uma "enurese" e de uma "agitação extrema". Os pais alegam que é uma criança que "não aceita limites". A cada vez que é dito a ela "não pode", ela responde com o sintoma. Trata-se de um menino que fora adotado. Os pais dizem: "não podemos ter filhos".[35] Se eles não podem ter filhos, que lugar ocupa essa criança na estrutura familiar e na economia de gozo desse par? O enunciado "não podemos" é o que faz o desencadeamento do sintoma da criança e o que o sustenta nos termos da estrutura gramatical do fantasma de cada um que forma este par, no qual essa criança está enlaçada.

Se este pai não pode ter filhos, ele se encontra deficiente na sua função de intervir como privador da mãe, enquanto o que suporta a lei, no discurso da mãe. Por outro lado, se não há ali a mãe, é a mulher que se apresenta. O sintoma viria então como um recurso, não só para remediar a insuficiência simbólica do pai, mas também para abrir uma distância da posição de ser objeto de gozo desta *mulher* que "não pode" ter um filho.

Outro fragmento clínico nos indica a escritura do sintoma. Uma menina de 8 anos vem a meu consultório, acompanhada de seus pais que "já não sabem mais o que fazer" com ela. Desde os 6 anos ela consulta

---

[35] Este fragmento clínico foi extraído do relato levado a mim em supervisão de Cláudia Sales, em 1993, e publicado com o título: "O fantasma de uma criança: como interpretar essa temática?", na revista *De um curso a um discurso: escritura da clínica*, por ocasião da VIII Jornada de trabalhos dos alunos do Curso de Formação de Psicólogos do Unicentro Newton Paiva.

psicólogos em função de uma estranha maneira de se comportar. Não podia ver uma criança no colo de uma mãe, fosse na rua, no ônibus, no supermercado, que tentava tirá-la, mesmo que fosse à força. Esta cena repetida causava muito constrangimento para os envolvidos, e sobretudo para seus pais, que não podiam compreender esse comportamento. Isso começou quando ela foi matriculada numa escola longe de casa, para onde relutava muito em ir, inicialmente, como relataram os pais. A menina diz que "sabe que não deve fazer isso", mas não consegue evitar. Tratava-se de um sujeito agido pela pulsão, um "mais ainda" de que nos fala Lacan, referindo-se ao gozo. "Mais ainda é o nome próprio dessa falha de onde, no Outro, parte a demanda do amor" (LACAN, 1985a, p. 12-13).

Esta menina vinha trazendo muitas questões, assim como seus pais, que tinham a sensação de que "ela não gostava muito deles, dando-se melhor com estranhos". Após esta fala de seus pais, em sua presença, ela passa algum tempo encenando, na transferência, uma profunda indiferença à presença da analista e um quase alheamento ao que lhe era pontuado. Pude ler isso como uma maneira de descolar-se do lugar fantasmático ocupado para o Outro. Passado esse momento, interpelada sobre sua história, numa das sessões ela diz de um fato contado a ela pela tia, sempre que se encontravam. Quando tinha oito meses de idade, seus pais fizeram uma longa viagem por países estrangeiros, deixando-a aos cuidados de sua tia. Era justamente este o ponto enunciado no sintoma, que tem origem no momento de uma nova separação, quando é colocada numa escola longe de casa: "Olhem como é arrancar um bebê do colo da mãe".

Uma criança de oito meses não possui recursos simbólicos para elaborar, ainda que minimamente, uma separação, uma vez que não tem acesso à linguagem. No dizer de Lacan, a palavra presentifica a ausência da coisa. O jogo do *fort-da*, célebre na teoria psicanalítica, nos indica como a criança vai construindo seus recursos para lidar com a ausência, associando ao jogo a palavra, que tem função de elaboração dessa ausência. No vaivém do carretel e da palavra que acompanha seus movimentos, a criança tece o fio com que se move no oco da ausência do Outro. Para esta menina, restou a cena bruta de um bebê arrancado do colo da mãe, no puro silêncio da pulsão.

Esse fragmento nos conduz a pensar nesse ponto de conjunção entre as formações do inconsciente e o fantasma: o sintoma (VIDAL & VIDAL, 1995, p. 95). É aí que podemos testemunhar a insistência do real, na repetição, a com-pulsão de repetição; o gozo silencioso que se depreende do sintoma na sua relação com o fantasma. Deste modo, na clínica, podemos nos desvencilhar de uma leitura que nos afasta do rigor com que Freud e Lacan postularam seus conceitos.

Voltemos às elaborações do próprio Lacan (2003, p, 369) sobre o sintoma da criança. Se "o sintoma da criança está na posição de corresponder ao que há de sintomático na estrutura familiar", não é como "emergente" do sintoma da família, como querem alguns, mas como um modo singular de inscrever-se no discurso da família. Lacan diz que o sintoma "corresponde". Podemos trabalhar um pouco com este significante "co-responde". O prefixo *co,* do latim *cum,* "com", designa "companhia, contiguidade, sociedade". "Cor. respond. ência", responder (Cunha, 1986, p. 190). É possível escutar que o sintoma da criança, ao mesmo tempo em que é uma espécie de coadjuvante do que há de sintomático na estrutura da família, é também uma resposta a isso.

É preciso que nos perguntemos que destino teórico a psicanálise dá ao que se denomina "estrutura familiar". Certamente não podemos nos iludir de que seja o mesmo sentido que o senso comum lhe dá.

Freud ocupa-se da relação da criança com a família nos termos de um "romance". Em 1908, ele escreve o trabalho *Romances familiares,* que é precioso para nos esclarecer sobre a ficção que o sujeito cria para suportar a verdade que lhe apresenta a família e, mais exatamente, a mãe e o pai.

Freud destaca dois tempos da construção do romance familiar do neurótico. Em um primeiro tempo – que ele descreve como assexual – quando a criança desconhece as condições sexuais de seu nascimento, ela inventa um novo pai e uma nova mãe, no momento em que se vê diante da necessidade de operar uma separação destes. O desencanto vivido com os pais é expresso na fantasia de substituí-los por pais melhores, seja por compará-los com os pais de outras crianças, seja por idealizá-los.

Num segundo tempo – sexual – após compreender o papel que desempenham o pai e a mãe na relação sexual e se defrontar com o fato de que o pai é "incerto" e a mãe "certíssima", o romance familiar sofre, no dizer de Freud, uma curiosa restrição: dirige-se à exaltação do pai, ou seja, tenta restaurar a imagem do pai. As fantasias "retaliadoras", como as descreve Freud, colocam a mãe em situações de infidelidade e de relações amorosas secretas, nos termos de uma intriga histérica.

Lacan lê o romance familiar como um "mito individual do neurótico" e nos dá uma preciosa definição:

> O mito é o que confere uma fórmula discursiva a qualquer coisa que não pode ser transmitida na definição da verdade, porque a definição da verdade não se pode apoiar senão em si mesma (LACAN, 1987[1966], p. 47).

É esta verdade que não pode ser dita, não pode ser transmitida, que o sintoma da criança representa. A estrutura familiar de que fala a psicanálise é a estrutura mítica edípica, aquela que organiza a relação entre a mãe, a criança e a função paterna, fundamento da constituição do sujeito e da transmissão da castração.

É justamente a isso que escapa na transmissão da castração pela estrutura familiar, ao que dela padece de intransmissibilidade, a esse ponto de real que escapa à simbolização, que o sintoma vem responder.

Lacan nos diz que o sintoma da criança pode representar a verdade do par parental ou pode ser consequência da subjetividade da mãe. O primeiro caso, no entender de Lacan, embora seja mais complexo, é mais aberto às nossas intervenções. Já no segundo, a criança aparece implicada como "correlato" de um fantasma, o que podemos compreender como condição para a psicose da criança.

Marie-Jean Sauret, ao comentar esse ponto da elaboração de Lacan, considera que esse caso em que o sintoma da criança representa a verdade do casal ocorre quando a criança não se presta a suturar a falta da mãe que se sustenta em seu próprio desejo. Quando a mãe "sacrifica-se" pelos filhos – como é comum escutarmos na clínica ou fora dela –, ou seja, quando a mãe, ao dispensar cuidados ao filho desvia-se, como mulher, de seu desejo por um homem, sua função materna é também perturbada e a criança fica na posição de sutura da falta (SAURET, 1997, p. 88).

Um desvio na leitura dessas postulações de Lacan pode levar a muitos equívocos, como o de o analista se colocar na posição daquele que mostraria aos pais a verdade deles que o sintoma da criança revelaria. Posição na qual, no lugar do analista, surge a figura do juiz dos pais. Outro risco é de que a função da escuta dos pais na clínica de crianças seja extraviada.[36] Não é raro haver intervenções nos moldes de "aconselhamento" ou "orientação" aos pais, no lugar de implicá-los naquilo de que se queixam. Retomarei esta questão posteriormente.

---

[36] Suzana Spinola trata desta questão em seu texto: *O sintoma da criança*, Belo Horizonte, inédito.

Outra leitura possível e necessária é de que a criança, muitas vezes, está na posição de corresponder ou responder ao que há de sintomático "no par". Este par pode ser da mãe com o filho mais velho, ou com seu irmão, ou do pai com sua própria mãe ou com a cunhada, não importa. Trata-se de um par. "Este par" que a criança, muitas vezes, com seu sintoma, testemunha ou denuncia, sustenta ou procura destituir. Essa pontuação é de muito valor clínico, pois nos faz interrogar, mais amplamente ainda, a estrutura familiar.

No que se refere à angústia, não pretendo trazer uma elaboração aprofundada deste tema, cuja complexidade ocupou Freud e Lacan durante vários anos de seus percursos, mas apenas trazer algumas considerações pontuais que nos possibilitam abordar a questão.

A angústia sinal e o desenvolvimento da angústia

A angústia foi o que permitiu a Freud situar a neurose infantil. Se ele inicialmente nos diz que o recalcamento provoca a angústia, muitos anos depois faz avanços em sua teoria e, em 1925, acossado pelas questões e impasses clínicos, ele vai postular que a angústia provoca o recalcamento. Num primeiro momento, fala da angústia como transformação ou como substituição da libido e, num segundo momento, da angústia como um sinal, como veremos no item a seguir.

Para Freud, a angústia *surge* "originalmente como uma reação a um estado de perigo e é reproduzida sempre que um estado dessa espécie se repete" (FREUD, 1976[1925], p. 157). Trata-se da angústia sinal, fundamento da segunda teoria de Freud sobre a angústia. Se na primeira teoria tratava-se de colocar em questão a esfera física, aqui a angústia surge quando há uma perturbação da economia psíquica provocada por um acúmulo de quantidade de estímulo, que precisa ser subjugado. Dito de outro modo, precisa ser tratado pelo ato da palavra. A angústia surge, no dizer de Freud, quando surge uma situação de perigo, a fim de dar um sinal e impedir que tal situação ocorra. O perigo concerne ao desamparo do "eu" frente às exigências da pulsão.

Além de dedicar-se amplamente à angústia das crianças no seu trabalho de 1925, retomando o Caso Hans, Freud já havia se dedicado a compreender a angústia das crianças, entre outros trabalhos, na Conferência XXV, de 1916. Ali Freud quer estabelecer uma distinção entre "angústia realística" e "angústia neurótica" e, para isso, recorre à gênese da angústia nas crianças e à origem da angústia neurótica que se vincula às fobias.

Ele retrata o estado de apreensão das crianças como muito frequente e diz ser difícil distinguir se se trata de uma angústia neurótica ou realística – aquela que surge frente a uma reação de perigo externo. Ele não deixa de atribuir às crianças uma forte angústia realística, na medida em que elas se assustam com facilidade frente a estranhos e com situações novas; no entanto, conclui que a angústia realística resulta inteiramente da educação, posto que inicialmente as crianças não têm dimensão do perigo e se arriscam superestimando suas forças. Brincam com fogo, manipulam objetos cortantes, sobem em muros ou em parapeitos das janelas, dada a sua ignorância do perigo.

Freud não recua diante de sua questão e se dá conta de que, longe da angústia neurótica ser apenas secundária no caso das crianças, há algo que se comporta como angústia realística e compartilha seu aspecto essencial com a angústia neurótica. Freud ilustra isso com um lindo exemplo de uma menininha com medo do escuro que ele ouviu dizer do aposento ao lado em que ele estava:

> "Mas fala comigo, titia. Estou com medo!" "Por quê? De que adianta isso? Tu nem estás me vendo." A isto a criança respondeu: "Se alguém fala, fica mais claro" (FREUD, 1976t[1916], p. 474).

Freud, então, conclui que as primeiras fobias das crianças – um entrincheiramento contra a angústia – relativas a situações são aquelas provocadas pela escuridão e pela solidão. Ele situa a origem da angústia na separação da mãe. A criança que se angustia diante de um rosto estranho é por estar acostumada à vista de uma figura familiar e amada – a mãe. É seu desapontamento e sua saudade da mãe que se transformam em angústia. Diz Freud que a libido que se tornou inaplicável, não podendo ser mantida em estado de suspensão, é descarregada sob a forma de angústia.

Embora essas elaborações sejam de 1916 e Freud, acossado pela clínica, tenha selado em 1925 sua segunda teoria da angústia, ele não deixa de se ocupar da questão, revendo o Caso Hans, escrito em 1909. Ele escolhe a fobia de Hans como paradigmática da travessia necessária da descrição fenomenológica da angústia para a sua inscrição na metapsicologia, lançando nova luz para a teoria do recalque.

É sempre no ponto de vacilação do desejo como nos semina Lacan, que o sujeito deixa a brecha aberta para adentrar o desejo do Outro, origem da angústia. O desejo do Outro interroga o sujeito em seu desejo, como causa do desejo e ele, então, responde com angústia. Sem borda nos desfiladeiros da castração, o sujeito vai apelando aos recursos do aparelho: a inibição, o sintoma.

Vejamos um fragmento clínico[37] que nos permite ir rastreando a questão. Tratava-se de um menino de aproximadamente 8 anos, levado à clínica por indicação de um neurologista. A mãe diz que ele não sabia matemática, não sabia contar, tampouco interpretar, e assim ia mal nos estudos. A mãe relata, em sua presença, como se ele não estivesse ali, que este menino, quando tinha 5 anos, estava no carro com um parente e um irmão mais novo. O parente para o carro e sai para comprar algo. As crianças encontram no porta-luvas uma arma e esta arma é disparada, matando o parente. Seu irmão diz ter sido este menino quem dispara a arma, mas ele não se lembra, não sabe contar. A mãe insiste em dizer que "não foi ele não", e que diz a ele que uma doença provocara a morte do parente. Nesta frase denegativa, a mãe imputava a ele a responsabilidade por este ato e desejava muito que ele pudesse se lembrar do fato.

Tomado de muita angústia, ele diz de seu sintoma: é muito esquecido; e de sua inibição: não sabe contar, nem interpretar. É sob a égide de suas elaborações sobre a angústia que Lacan se interroga sobre a inibição. É este o ponto onde o sujeito se exerce. Este menino, esquecido pela mãe que lhe atribui a responsabilidade (ou culpa) pelo ato, não sabe contar sobre o ocorrido e tampouco interpretar o que este irmão diz e o que se passou.

Lacan, em 1960-1961,[38] tratando "A angústia e sua relação com o desejo", vai nos dizer que "a angústia é o modo radical sob o qual é mantida a relação com o desejo" (LACAN, 1992, p. 353). Mais tarde, no seu Seminário de 1962-1963, *A angústia,* afirma que angústia é o desejo do Outro. A angústia está sustentada pelo campo do Outro.

Subjugado ao Outro que diz dele, que conta o que ficou esquecido, que imputa a ele a responsabilidade por algo que ele "não sabe" contar, mantém, nesta forma radical que é a angústia, sua relação com o desejo. Garcia (1999, p. 80) nos diz que no sujeito inibido, aquele que não pode realizar o ato, o desejo falta. Ao nível do desejo, há uma impossibilidade para o ser humano de achar em si mesmo sua causa, está submetido ao fato de que o desejo se produziu num ponto de não-saber. O sujeito inibido é aquele que "acredita saber" sobre seu desejo. Neste ponto,

---

[37] Relatado em supervisão por Isabel Cristina Pereira, 1992.
[38] *O Seminário, Livro 8.* A transferência.

o desejo se confunde com o ideal. No lugar da causa do desejo, vem a causa do saber. Aí a angústia irrompe como a outra face do desejo.

Assim, inibição, sintoma e angústia, cada um a seu modo, são recursos que o sujeito produz para manter a estrutura funcionando. Esta me parece ser uma subversão da psicanálise em relação ao lugar que a psiquiatria dá a estes "fenômenos".

Vidal (1995, p. 104) pergunta-se que ressituação espera Lacan que se possa produzir numa análise com uma criança. Sua resposta é que a criança, se descolando da identificação ao objeto, não seja apenas o objeto que tampa o furo do Outro e encontre o que causa o seu desejo. Que a mãe recupere a marca de sua falta, com a qual a criança foi gerada e que o Nome-do-Pai se encarne, enquanto lei, no desejo.

Colette Soler (1997a) avança nas questões relacionadas à diferença da psicanálise com crianças, assinalando que "não é o analisante que é diferente", mas sim "o que se analisa". Com Lacan, sabemos que o que se analisa são as relações do Real que se apresentam sob a espécie do sexo e do gozo, e, no que se refere a estes aspectos, criança e adulto diferem. Nesse sentido, diz ela, o encontro da criança com o Outro sexo sendo ainda inexistente, as respostas do real são impossíveis de antecipar, e dessa maneira a análise com criança, "por mais finita que se a queira, deve deixar aí alguma coisa por vir". Contudo, deixar o que é para vir em seu inacabamento não deve implicar, para o analista, que uma análise com criança não se mova para além de retirá-la do lugar que ela é para sua mãe ou para seu pai. Uma análise, desfazendo e refazendo o que foi malfeito – no dizer de Colette Soler, os nós do significante e os nós do gozo do sintoma —, deve interrogar o sujeito sobre a posição que ele toma frente ao que o determina a despeito de sua pouca idade.

Freud, a angústia e a clínica

> *Qualquer que seja o caso, não há dúvida de que o problema da angústia é um ponto nodal para o qual convergem as mais diversas e importantes questões, um enigma cuja solução deverá inundar de luz toda nossa existência psíquica* (FREUD, 1976t, p. 458).

O percurso de teorização de Freud sobre a angústia, que vai de 1892 a 1932, é marcado por uma insistente pergunta sobre a clínica. Ele estabelece suas primeiras teorizações sobre a angústia a partir de suas constatações sobre as "neuroses atuais". Acossado pelos impasses que a clínica das "psiconeuroses de defesa" lhe impõe, opera uma passagem da descrição fenomenológica, para uma elaboração metapsicológica da angústia e, mais precisamente, interrogando a clínica da fobia, faz a construção da segunda teoria da angústia. Que impasses clínicos teriam levado Freud a operar mudanças tão radicais nas suas teorizações sobre a angústia?

Em 1982, no "Rascunho E", pergunta-se sobre a origem da angústia e a compreende como transformação da libido. Aqui ele já deixa entrever que não se trata de uma coisa verter-se em outra, mas que a libido fica "vagabunda", errante, sem rumo, desocupada, vadia, e a angústia vem em seu lugar, quando a tensão sexual física fracassa no seu trabalho de ser descarregada por vias psíquicas. Ele estabelece, desde já, uma estreita relação entre angústia e sexualidade. Destaca vários exemplos clínicos ligando a angústia a uma causa sexual, e pergunta-se o que estes exemplos têm em comum, descobrindo que a característica deles é a abstinência sexual, um ponto no qual o desejo não se sustenta.

Depara-se com a "neurose de angústia", que lhe apresenta a primeira dificuldade. A angústia ocorre mesmo sem base para a transformação. A tensão física aumenta, atinge o nível-limiar que conseguiria despertar o afeto psíquico, no entanto, por vários motivos, a ligação psíquica que lhe é oferecida permanece insuficiente: o afeto psíquico não pode formar-se, pois falta algo nos determinantes psíquicos. Assim, a tensão física não sendo psiquicamente ligada, transforma-se em angústia. (FREUD, 1977a[1892] p. 266). É neste fio sobre a "falta de ligação psíquica" que vai pensar no recalque secundário como o que tentaria operar o desvio quando da falta de ligação.

Na Conferência XXV, de 1916-1917, elabora a primeira teoria da angústia, revendo não só a clínica das "neuroses atuais", mas interrogando-se sobre as chamadas "psiconeuroses de defesa", agora à luz do recalque. A clínica da histeria o leva à primeira teoria da angústia. Intrigado com a presença da angústia junto com os sintomas e com a angústia, surgindo também desvinculada deles, pergunta-se sobre o destino do afeto ligado à representação recalcada e postula que o recalcamento provoca a angústia. Analisando as situações clínicas nas quais a angústia surge, entende como seria o curso normal dos eventos psíquicos se não experimentasse recalque algum e que, com o recalque, deixa de ocorrer e é substituído por estados de angústia: "esse processo ter-se-ia acompanhado de um afeto específico e agora constatamos, para nossa surpresa, que esse afeto que acompanha o curso normal dos acontecimentos, seja qual for sua qualidade própria, invariavelmente é substituído por angústia, após a incidência do recalque" (FREUD, 1976t[1916], p. 470).

Além da angústia "livremente flutuante" que está pronta para se ligar a alguma representação apropriada para esse fim, e está sempre aguardando oportunidade de justificar-se – "a angústia expectante" ou a "expectativa angustiosa", presentes nas neuroses atuais –, Freud dá um passo a mais, deparando-se com a angústia "psiquicamente ligada", nas fobias.

Nas primeiras, o estado de angústia depende de "certos empregos da libido". A excitação libidinal desaparece e a angústia aparece em seu lugar. Nas fobias, um perigo externo insignificante é introduzido para representar as exigências da libido que, não utilizada, transforma-se em angústia. "Se a libido pertence a uma moção pulsional que esteve sujeita a recalcamento, por meio da regressão à fobia infantil, abre-se uma passagem, por assim dizer, através da qual pode realizar-se comodamente a transformação da libido em angústia" (Freud, 1976t[1916], p. 476).

É a partir da clínica da fobia que Freud postula que a angústia é uma reação a uma situação de perigo que acossa o "eu", estabelecendo as distinções entre o perigo externo real e o perigo interno pulsional, que em 1925, irá apurar de outro modo. É também através desta clínica que ele vai tentar estabelecer uma distinção entre a "angústia realística" e a "angústia neurótica".

Até esse momento teórico, ele ainda sustenta a proposição da angústia enquanto transformação da libido – seria melhor dizer: a "descarga sob a forma de angústia" é o destino da libido quando sujeita a recalcamento. Nas fobias, assinala o transporte (*Ubersetzen*) da libido em angústia, constatando que este não é seu único destino, nem o definitivo.

Confrontado com a neurose obsessiva, conclui que os atos obsessivos encobrem a angústia, e estes são executados com o objetivo de evitar a angústia. Também na histeria de conversão não se encontra nenhuma mescla de angústia, embora a análise possa revelar qual o "processo excitatório perturbado" que os sintomas substituem. Instigado por estas questões, coloca-se na trilha da relação entre a formação dos sintomas e a angústia e, ao mesmo tempo, na relação entre o "eu" e o "isso".

Para prosseguir com suas pesquisas, toma a neurose obsessiva, pois aí pode precisar as relações entre recalque, defesa, castração e regressão, além das "técnicas defensivas" – formação de reação, tornar não acontecido e o isolamento. Dá-se conta de que, mais que nos casos normais ou na histeria, na neurose obsessiva é que "podemos reconhecer que a força motora da defesa é o complexo de castração, e que o que está sendo desviado são as tendências do complexo edipiano" (FREUD, 1976t[1926], p. 137-138). Na neurose obsessiva, o "eu" – que é a sede da angústia – participa mais que na histeria da formação dos sintomas, o que talvez justifique toda a ausência de angústia na presença dos atos obsessivos.

Ao seguir interrogando sobre a neurose obsessiva, a histeria e a fobia, Freud descobre que todas as três neuroses têm como resultado a demolição do complexo de Édipo; e em todas as três a força motora da oposição é a angústia de castração. Contudo, diz Freud, é somente nas fobias que esta angústia aflora e é reconhecida. "O que aconteceu nas outras duas neuroses? Como o eu poupou a si mesmo essa angústia?" Pergunta-se ele. (FREUD, 1976t[1925], p.146).

Freud já se encontra em 1925, com a elaboração de *Inibições, sintomas e angústia*. Já estabelecera a segunda tópica, elaborando a nova divisão entre as instâncias; a segunda teoria das pulsões, com a hipótese da pulsão de morte e a teoria da fase fálica, elaborada em 1923.

Interroga sua teoria do recalque a partir das dificuldades que a clínica lhe reservava. O recalcamento se processa a partir do "eu" quando este – pode ser por ordem do supereu – se recusa a associar-se a um investimento libidinal que foi provocado no "isso". O eu é capaz, por meio do recalcamento, de impedir que a representação que é veículo da moção desagradável se torne consciente. Segundo ele, até então, o estudo do que ocorre no recalque deu ênfase a esse ponto de exclusão das representações da consciência, mas ficou a questão: O que aconteceu à moção pulsional que fora ativada no isso e que procurou satisfação? Responde Freud que, devido ao processo de recalcamento, o prazer que se teria esperado da satisfação fora transformado em desprazer (angústia), mas vê-se diante da pergunta de como a satisfação de uma pulsão poderia produzir desprazer. Conclui então que, como resultado do recalque, o processo de excitação no isso não ocorre de modo algum, posto que o eu consegue desviá-lo. Se assim for, "o problema da transformação do afeto sob recalcamento desaparece" (FREUD, 1976t[1925], p. 112). Freud, contudo, só vai solucionar esta questão, ao rever a clínica da fobia.

Com a fobia interrogava a relação tão estreita entre a angústia e a formação dos sintomas e, sobretudo, o fato de a angústia de castração aí ser reconhecida e velada nas outras neuroses. Assim, ele se debruça sobre a clínica e, a partir do caso do "pequeno Hans", vai interrogar as relações entre angústia, recalque e castração. Freud parte de três indagações para ler o caso: Qual a moção pulsional recalcada? Que sintoma substitutivo foi encontrado? Onde está o motivo do recalcamento? Ao mesmo tempo e, secundariamente, retoma aspectos da fobia do "homem dos lobos" e a relaciona com o caso Hans. Conclui que a moção pulsional recalcada era a moção agressiva, hostil; o sintoma, a fobia e o motivo do recalcamento era a angústia de castração.

Freud assinala seu "inesperado achado'", tanto no caso Hans como no de seu paciente russo: "a força motriz do recalque era a angústia de castração". Foi justamente o conteúdo da fobia – a de ser mordido pelo cavalo e a de ser devorado pelo lobo, como substitutos da representação "serem castrados pelo pai" –, que sofreu recalcamento. Este foi o ponto que possibilitou Freud fazer a virada para a segunda teoria da angústia.

Diz Freud: "O afeto de angústia que era a essência da fobia, proveio não do processo de recalcamento, não dos investimentos libidinais das moções recalcadas, mas do próprio agente recalcador. A angústia pertencente às fobias a animais era uma angústia não transformada de castração... Era, portanto, um medo de um perigo que era realmente iminente ou que era julgado real. Foi a angústia que produziu o recalcamento e não, como eu anteriormente acreditava, o recalcamento que produziu a angústia" (FREUD, 1976t[1925], p. 131).

Assim, pôde concluir que a angústia jamais surge da libido recalcada. É sempre a angústia do "eu" que é a "coisa primária" que põe em movimento o recalque. A angústia é uma reação a uma situação de perigo e é remediada pelo "eu", que faz algo para evitar o desenvolvimento de angústia. O sintoma, diz Freud, é criado para evitar uma situação de perigo cuja presença foi assinalada pelo sinal de angústia. O perigo é o perigo de castração ou de algo que remonta à castração. Vale assinalar: o perigo é o perigo da castração faltar. Nas mulheres, diz Freud, a poética da castração aparece nas vestes da "angústia da perda do amor do objeto".

Freud não se contenta ainda com suas constatações e prossegue indagando "qual a essência e o significado de uma situação de perigo".[39] Isso ele vai concluir na Conferência XXXII, de 1933, no texto "Angústia e vida pulsional". O perigo é o que imprime à experiência psíquica um estado de excitação marcadamente intensa, que é sentida como desprazer e que não é possível dominar descarregando-a.

---

[39] Ver: Freud (1976[1925], p. 191, "Adendo B").

A uma situação de desamparo dessa espécie, Freud chamou de momento traumático, distinguindo-o de uma situação de perigo que nada mais é do que a expectativa de sobrevir a situação traumática. É aí que o sinal de angústia é emitido no sentido de alertar o sujeito para a situação de desamparo. O "eu" se antecipa frente à possibilidade de repetição do momento traumático, do desamparo, e emite o sinal de angústia. Nesse sentido, a angústia tem uma função protetora.

Neste ponto, Freud se depara com um problema clínico a mais: porque acontecem momentos traumáticos nos quais a angústia não é despertada e não advém como um sinal, mas surge na forma de repetição (*Wiederholung*), desenvolvida de novo? Nesse momento Freud se dá conta de que são apenas os recalques secundários (recalcamentos posteriores) que despertam a angústia como sinal de uma situação de perigo prévia. Os recalques primários (originais) surgem diretamente de momentos traumáticos quando o "eu" enfrenta uma exigência pulsional excessivamente grande. Isso se aplica também à neurose de angústia, qual já não se trata da transformação da libido em angústia, mas da angústia surgindo como um confronto do "eu" com exigências pulsionais excessivamente grandes. Assim, com Freud, conclui-se sobre a dupla origem da angústia: consequência direta do momento traumático (desenvolvimento da angústia, recalque primário) – armadilha do gozo – e a angústia sinal (recalque secundário), que ameaça o "eu" com a repetição de tal momento – modo radical de o sujeito manter sua relação com o desejo.

Assim, inibições, sintomas e angústia, cada um a seu modo, são recursos que o sujeito produz para manter a estrutura psíquica funcionando. Esta me parece ser uma subversão da psicanálise em relação ao lugar que a psiquiatria dá a estes "fenômenos". O valor clínico desta leitura reside, sobretudo, na direção do tratamento. Sabendo da função desses recursos para o sujeito, o analista não pode se precipitar em arrancar dele isto que ele produziu, esse "autotratamento do real". As psicoterapias, muitas vezes, contentam-se com a supressão do sintoma e ou da inibição e, ainda, com o recobrimento da angústia.

A clínica com crianças é mais permeável ainda a essa "tentação" de suprimir rapidamente o sintoma – sobretudo por que é isso que aqueles que encaminharam a criança ao analista esperam dele. A ética da psicanálise aponta, entretanto, para um caminho diferente: o descolamento do lugar que a criança ocupa na trama do fantasma do Outro e, mais além, a construção que o sujeito venha a fazer de seu fantasma – sua travessia, *à posteriori*.

O brincar e sua função na estrutura

Para cá, para lá...
Para cá, para lá...
Um novelozinho de linha...
Para cá, para lá...
Para cá, para lá...
Oscila no ar pela mão de uma criança
(Vem e vai)
Que delicadamente e quase a adormecer o balança.
– Psiu... –
Para cá, para lá...
Para cá e...
– O novelozinho caiu.
(Manuel Bandeira, "Debussy")

Certas representações de criança, fundadas na concepção de que ela não é capaz de produzir um discurso próprio, acabou dando lugar a uma série de equívocos em relação à ética e às estratégias do tratamento. De um lado, substituiu-se o discurso da criança pelo uso do brinquedo, de outro lado, numa certa oposição a esse tipo de perspectiva, excluiu-se da clínica a possibilidade do brincar. Quando nos pautamos na psicanálise de Freud e de Lacan, é preciso encontrar enlace entre o brincar e o discurso.

Embora as diferentes abordagens teóricas sobre o tema não sejam complementares, pelo contrário, muitas vezes são opostas, uma coisa é certa: todos concordam que o brincar da criança tem uma função. Para alguns, uma função no desenvolvimento, para outros, na entrada da criança na cultura, ou ainda, como um elemento estruturante. Não pretendo aprofundar-me em todas essas concepções teóricas, mas trazer a contribuição da psicanálise de Freud e da corrente francesa de psicanálise que se organizou em torno das postulações de Lacan, trazendo alguns recortes nas conceitualizações de Melanie Klein, Anna Freud e D. W. Winnicott.

O jogo do *nonsense*

Freud usou o termo *Spiel* (jogo), relacionando-o, em diferentes momentos de sua obra, às atividades da criança. Curiosamente, sua primeira abordagem do tema está relacionada "aos jogos de palavras". Em seu livro *Os chistes e sua relação com o inconsciente*, de 1905, ele nos diz que a criança, ao adquirir o vocabulário da língua materna, experimenta um prazer "brincando com ele". Ela reúne as palavras, sem respeitar a condição de que façam sentido, a fim de obter delas um gratificante efeito de ritmo ou de rima. Passo a passo, esse prazer vai lhe sendo proibido, até que só restam permitidas as combinações significativas de palavras. Mesmo na criança mais velha, ainda há uma tentativa de fazer emergir o desrespeito às restrições que aprendera sobre o uso de palavras. Estas são desfiguradas por pequenos acréscimos particulares que ela lhes faz e suas formas são alteradas por certas manipulações. Às vezes, ela produz uma linguagem secreta, para usar entre os colegas. Freud lembra ainda que essas tentativas são reencontradas entre os "doentes mentais".

Para ele, quaisquer que sejam os motivos que levam a criança a jogar assim com as palavras, a jogar esse jogo do *nonsense*, em um momento posterior ela acaba desistindo dele pela consciência de que é absurdo, divertindo-se um certo tempo com ele, devido à atração exercida pelo que é proibido pela razão. Ela usa agora de tais jogos para se evadir da pressão da razão crítica. Freud adverte ainda que as poderosas restrições impostas à criança pela educação, quando o pensamento lógico é introduzido e na distinção entre o que é falso e verdadeiro na realidade, fazem com que a rebelião contra a compulsão da lógica e da realidade seja profunda e duradoura. Mesmo o fenômeno da atividade imaginativa pode ser incluído nessa categoria rebelde.

O jogo – Freud insiste que guardemos esse nome – aparece, segundo ele, nas crianças que estão aprendendo a utilizar as palavras e a reuni-las. Tal jogo obedece provavelmente a uma das pulsões que as compelem a exercitar suas capacidades. Os efeitos gratificantes que advêm da repetição do que é similar, de uma redescoberta do que é familiar, da similaridade do som, irão persuadi-las a mantê-lo sem se atentarem para a incoerência das frases ou para o sentido das palavras. Eles podem ser entendidos como "insuspeitadas economias na despesa psíquica" (FREUD, 1977b[1905], p. 151).

Dessa forma, Freud enuncia uma das funções do jogo na estrutura: ser fonte de prazer e promover uma economia na despesa psíquica.

O jogo infantil e a criação poética

Em 1908, no texto traduzido como "Escritores criativos e devaneios", cujo tema original é "o poeta e o fantasiar", Freud retoma a teorização sobre o jogo. Segundo ele, o poeta, tal como a criança que brinca, cria um mundo de fantasia que leva muito a sério, posto que ali investe muita emoção. A relação entre o jogo infantil e a criação poética, a linguagem trata de preservar. Ele recorre aos termos em alemão e descobre que *Spiel* refere-se às formas literárias que são necessariamente ligadas a objetos tangíveis e que podem ser representadas. *Lustspiel* ou *Trauerspiel* – comédia ou tragédia; literalmente, "brincadeira prazerosa" e "brincadeira lutuosa", denominando os que realizam a representação de *Schauspieler*, "atores" literalmente, "jogadores de espetáculo". O mundo imaginativo do poeta proporciona um certo tratamento daquilo que de real causa desprazer, é penoso, transformando-o em fonte de prazer.

Adélia Prado consegue falar das coisas corriqueiras que causam tédio, como fazer comida, comer frango e bater o osso no prato para chamar o cachorro. Poetizada por Adélia em "Grande desejo", essa cena horrível de um domingo, transforma-se num cenário como outro qualquer, onde o feio da cena cede lugar à beleza do jogo das palavras. "Qualquer coisa é a casa da poesia", diz Adélia.

> [...]
> Faço comida e como.
> Aos domingos bato o osso no prato
> pra chamar o cachorro
> e atiro os restos.
> Quando dói, grito ai,
> quando é bom, fico bruta,
> as sensibilidades sem governo.
> Mas tenho meus prantos,
> claridades atrás do meu estômago humilde
> e fortíssima voz para cânticos de festa
> [...]
> (PRADO, 1991, p. 12)

A criança também, tal como o poeta, representa em seu jogo as situações penosas, corrigindo, como indica Freud, a realidade insatisfatória. Qual de nós nunca presenciou uma criança brincando de ser "a professora tirânica", ou a mãe "briguenta", ou o médico que lhe examina desajeitadamente a garganta? Para ela, qualquer coisa é a casa do brincar...

Nesse momento teórico, Freud relacionava o jogo apenas ao prazer e, só em 1919, irá inscrevê-lo em meio às suas teorizações sobre a compulsão de repetição e a pulsão de morte, conferindo-lhe um outro estatuto. Contudo, naquele momento de sua teoria ele ainda pensava o aparelho psíquico em termos do princípio do prazer e princípio da realidade.

Freud nos brinda, então, com uma formulação interessante: a criança brinca não por que não sabe falar, como querem alguns teóricos, mas por que deseja. "O brincar da criança é determinado por desejos" (1976i[1908], p. 151)

Uma outra formulação importante refere-se ao fato de que, para ele, a criança brinca sozinha ou estabelece um sistema psíquico fechado com outras crianças, com vistas a um jogo, mas mesmo que não brinque na frente dos adultos, "não lhes oculta seu brinquedo", contrariamente aos adultos que preferem revelar suas falhas que confiar a um outro suas fantasias. A criança "abre o jogo", não há tanto "por trás" do jogo que deva ser desvendado.

A diferença que Freud estabelece entre o jogo e a fantasia é que, no jogo, a criança, embora catexize seu mundo de brinquedo, ela o distingue perfeitamente da realidade, e gosta de ligar seus objetos e situações imaginadas às coisas visíveis e tangíveis do mundo real. Para ele, "essa conexão é tudo que diferencia o jogo infantil do fantasiar". (FREUD, 1976i[1908], p. 150). A criança "de-significa" os objetos. Diz que prato é chapéu, que vassoura é cavalo, ou que um pedaço de madeira é espada. Entretanto, sabe que prato é prato, vassoura é vassoura... Essa de-significação é dialetizável.

Não obstante, se Freud estabelece uma certa distinção entre o jogo infantil e a fantasia, a função, tanto de um quanto de outro, seria a de numa situação de desprazer, produzir prazer. A criança, tal como o poeta, rearranja as situações de seu mundo numa nova ordem. O jogo infantil, para Freud, vislumbra o desejo que não vai ser satisfeito e transforma a realidade penosa.

O jogo e a palavra

É curioso notar que, em meio às suas teorizações sobre o "além do prazer", a compulsão de repetição e a pulsão de morte, Freud se ocupe da questão do jogo infantil.

Em meio ao "obscuro e melancólico" tema da neurose traumática, Freud enuncia que vai examinar o significado da "enigmática" brincadeira repetitiva de um menino de 1 ano e meio de idade. Tratava-se de uma criança que não era precoce em seu desenvolvimento e podia dizer poucas palavras, e utilizar-se de sons que eram inteligíveis para quem vivia com ele. Era um "bom menino" e isso lhe reservava alguns tributos. Não incomodava os pais à noite, obedecia conscientemente às ordens de não tocar em certos objetos ou de não entrar em determinados lugares da casa e, o que era melhor, não chorava quando sua mãe o deixava por algumas horas, embora fosse muito ligado a ela, que cuidava dele sem ajuda de ninguém.

Esse menininho, diz Freud, tinha "o hábito ocasional e perturbador" de pegar objetos e atirá-los para longe. Enquanto fazia isso, emitia um longo e arrastado "o-o-o-ó", acompanhado de uma expressão de satisfação. Os adultos que o cercavam concordavam que essa expressão representava a palavra alemã *fort*, que significa "ir, partir", no nosso bom português, "ir embora". Freud o observa e o vê atirando um carretel de madeira amarrado a um cordão, com muita perícia, na borda de sua cama, escondendo-o atrás das cortinas e dizendo seu "o-o-o-ó". Depois, o fazia reaparecer, dizendo um alegre *da* – ali. A brincadeira se resumia então no desaparecimento e retorno. No entanto – isso não deixa de intrigar Freud –, o primeiro ato do jogo era repetido incansavelmente, embora o final agradável fosse a fonte do prazer. Freud o lê como um jogo de renúncia pulsional que deveria ser efetuado para que fosse possível ao menininho, deixar a mãe ir embora sem protestos. Freud se pergunta: "como, então, a repetição dessa experiência aflitiva, enquanto jogo, harmonizava-se com o princípio de prazer?".

Numa primeira visada, poderíamos supor que, para obter o alegre retorno, o sujeito precisava desse desaparecimento. Contudo, Freud se dá conta de que o primeiro ato, o do desaparecimento, era um jogo em si mesmo e repetido mais que o episódio completo, com seu final agradável. Essa compulsão (com pulsão) de repetição, Freud entende que tratava-se de transformar uma experiência passiva em um jogo onde ele assumia um papel ativo, em busca de um prazer, uma produção de prazer de "outro tipo", diz Freud. Isso ele atribuía à pulsão de dominação, que atuava independentemente da lembrança ser para o sujeito agradável ou não. Freud vai mais longe, entende que era um jogo desafiador: "então, vá embora, não preciso de você, estou mandando você ir embora". Esse mesmo menino, um ano mais tarde jogava com seus brinquedos dizendo: "vá para frente". Nessa época seu pai estava ausente e ele sabia que havia ido para a "frente de batalha".

Lacan retoma essa passagem, quando elabora suas teorias sobre *tiquê* e *autômaton*[40] e assegura que não é retorno da mãe que esse jogo visa, mas a repetição de sua saída como causa de uma *Spaltung* no sujeito, sua divisão, superada pela alternância do jogo *fort-da*. O que esse jogo visa, para Lacan, é àquilo que não está lá enquanto representado, "pois é o jogo mesmo que é o *Repräsentanz da Vorstellung*" (LACAN, 1985a[1964], p. 63). Para ele, o jogo do carretel é a resposta do sujeito àquilo que a ausência da mãe veio criar na fronteira de seu domínio. Um fosso em torno do qual nada resta ao sujeito, senão o jogo do salto. A repetição do jogo, inscrita na ordem do *autômaton*, é o jogo da repetição significante. O jogo consiste, então, em poder simbolizar uma ausência, por estar articulado à palavra.

O jogo e a pulsão

A compulsão de repetição é suficiente para nos indicar a presença da pulsão no jogo. A pulsão impõe a repetição. A palavra "repetição" é uma palavra falante. Re-petição, pedir de novo; petição, pedido legal... A pulsão pede de novo. O significante insiste em se fazer passar... Mas não é só na ordem da repetição significante que o jogo se inscreve. Lacan nos fala da "tiquê" – "encontro do real", o que vige sempre por trás do *autômaton*. A função da *tiquê*, do real como encontro, enquanto encontro faltoso, se apresenta a nós pela experiência traumática. É pela via da repetição, *tiquê*, que o trauma insiste em se fazer lembrar (LACAN, 1985[1964], p. 57). Essa dimensão do real, que resta inassimilável, que não foi fisgado pelo significante, encontra também no jogo sua morada.

Beto,[41] uma criança de 9 anos, traz no discurso seu jogo cotidiano. Nesse jogo, a face do real... Diz Beto: "gosto de provocar os cachorros e subir para o telhado, onde ficam os gatos, pois no telhado, cachorro não sobe". Numa de suas sessões, relata que coloca cacos de vidro para os gatos passarem, e que acabou se machucando com os cacos. Conta que o pai "bate muito nele" e que quando o pai dorme, "ele enfia a mão no bolso dele". Vive com esse pai, como "cão e gato", numa briga insistente. Interessante notar que a palavra gato, quer dizer também "esperto, gatuno, ladrão". Ele provoca o cão, o instiga e, feito um gato,

---

[40] *O Seminário, Livro 11*, 1985.

[41] Este fragmento clínico foi trazido em supervisão por Silvana Diniz Chagas e publicado com o título: "O pulo do gato", na VII Jornada de trabalhos dos alunos do Curso de Formação de Psicólogos do Unicentro Newton Paiva, 1992, p. 65.

corre para o telhado, onde o cão não o alcança. O gato se machuca com os vidros. Esse é o jogo...

Brito (1981) relata, em seu texto "A linguagem das bonecas", um jogo repetitivo de uma menina de 5 anos que sofre de "terrores noturnos". A mãe lhe esconde os dias menstruais, pois "sangue é sujo"; a criança, nas sessões, lava as mãos, usa luvas, lava a parede. Vai ao médico e entra na porta secreta com sua boneca:

"– O que ela tem?

– Assadura, muita assadura coitada. Ela está toda ferida! Com dor na barriga e no buraco do ouvido. Vamos dar um banho e colocar remédio (bola de massinha misturada com algodão, que tapa o sexo da boneca.)

– Ela está menstruada?

– É, está...

– Menstruação não é coisa de criança. É coisa de gente grande. Mulher adulta, todo mês.

– Você está certa! É mesmo... Você tem toda razão" (BRITO, 1981).

Essa dimensão do real no jogo, é importante assinalar, pois comumente ele é entendido como uma simples atividade imaginativa. É também esse real em jogo que nos alerta que nem tudo no brincar é interpretável. O jogo por si já é uma interpretação, tal como o sonho. É sobre o relato do jogo, dos significantes que gravitam em torno de seu relato, que a interpretação pode incidir.

Bem, se há essa dimensão de real no jogo, quando a pulsão está no comando e não o significante, há no jogo, um além do prazer, uma dimensão de gozo. É por isso que Freud o inscreve entre suas teorizações sobre a compulsão de repetição e a pulsão de morte. O jogo é resposta. Resposta do real.

Laurent[42] nos diz que, aquilo que a criança articula em seu jogo se deve à estrutura e que não se trata de puro e simples desdobramento da imaginação, a ser logo rejeitado a partir do significante, mas "de uma resposta do real que encontra sua causa no impossível da relação sexual". É o que a menininha-mulher, do segundo fragmento clínico, encena como pergunta-resposta.

Assim, é preciso que nos perguntemos sobre como um analista irá responder ao que se apresenta como resposta do real nas ficções produzidas pelas crianças no seu jogo, no decurso de sua análise.

---

[42] Éric Laurent discute essas questões em seu texto inédito *Sobre a técnica do jogo* (mimeo).

Da clínica de brinquedo à função do brincar na clínica com crianças

As críticas ao uso indiscriminado do brinquedo na clínica com crianças já são bem conhecidas de todos nós. Melanie Klein, em 1923, ao ser confrontada com a tarefa de analisar uma criança com menos de 3 anos de idade e que tinha grande limitação verbal, constatou que o modelo clássico da psicanálise com adultos mostrava-se inadequado para tal empreitada, o que acabou impondo adaptações que ela não hesitou em operar. No mesmo ano, Klein assume o tratamento de uma criança de 7 anos e se dá conta de que um processo associativo se desenrola a partir das atividades lúdicas, e conclui que a brincadeira é o método que abre o campo da análise com crianças, tornando-se até sua precondição. Diz Klein:

> Empregando esta técnica, logo verificamos que as crianças produzem associações com os diferentes aspectos de seus jogos, em número não inferior às que fazem os adultos com elementos de seus sonhos. Os detalhes do jogo indicam o caminho para o observador atento; e, entremente, a criança conta toda sorte de coisas às quais se deve dar o devido valor como associações (KLEIN, 1981, p. 186).

Assim, as brincadeiras tornam-se o substituto das associações livres. Se Klein acredita não poder desprezar os elementos verbais que se conjugam com as brincadeiras, o valor maior reside nas segundas. Além do método de empregar brinquedos na clínica, Klein cria uma técnica de interpretação. Para ela, o conteúdo específico das brincadeiras infantis, "é idêntico ao núcleo das fantasias de masturbação", e que uma das principais funções das brincadeiras "é de proporcionar uma descarga para essas fantasias".

Segundo ela, em seus jogos as crianças representam simbolicamente fantasias, desejos e experiências. A linguagem das brincadeiras é a mesma dos sonhos, no entanto, o simbolismo é apenas uma parte desse processo; para compreender corretamente as brincadeiras em conexão com seus comportamentos, na hora da análise, deveremos levar em conta, mais que o simbolismo, os meios de representação e os mecanismos empregados na ação dos sonhos e, mais ainda, o exame de seu nexo (KLEIN, 1970[1926], p. 185).

Roza (1993) faz uma crítica às concepções de Klein, semelhantes àquelas de Pfeifer[43] que serviram de esteio para muitos autores da

---
[43] S. Pfeifer escreve, em 1919, *Manifestações das pulsões eróticas infantis nas brincadeiras: posições da psicanálise face às teorias do brincar.*

atualidade, advertindo que o sonho, o ato falho e o chiste, sendo formações do inconsciente, têm seu conteúdo manifesto deformado pelos mecanismos de condensação e deslocamento e pela censura. O brincar não é uma formação do inconsciente e nele permanece a prevalência da elaboração secundária, na medida em que são roteiros coerentes, havendo consciência da irrealidade da trama, ao contrário do sonho em que o sonhador não exerce nenhum domínio consciente sobre o material (ROZA, 1997, p. 80-81).

Para esclarecer essas postulações, Klein escreve uma nota de rodapé, dizendo que os diversos objetos podem significar coisas muito diferentes nos jogos infantis. Às vezes, uma boneca representa o pênis ou uma criança roubada da mãe, outras vezes, o próprio pequeno paciente. As ligações tornam-se claras ao analista, no dizer de Klein, quando se faz um exame minucioso dos detalhes do jogo, e também, sua interpretação. O modelo Kleiniano de interpretação é, pois, fundamentado na significação desvelada nos "detalhes do jogo", na sua apresentação manifesta, fazendo interpretações no plural:

> Nesse caso, como em todas as análises de meninos, movimentar um carro representava a masturbação e coito; fazer carros colidirem significava coito, e a comparação de um carro maior com o pai ou o pênis do pai (KLEIN, 1975, p. 106).

O jogo com os objetos é tomado como discurso. Eis a dificuldade de fazer valer o sujeito que se cria no ato de sua palavra...

A propósito do "conteúdo masturbatório" das brincadeiras, descrito por Melanie Klein, D. W. Winnicott se opõe com a maior contundência. Ele assegura que o brincar das crianças já foi em demasia articulado à masturbação e às variadas experiências sensuais. Para ele, o brincar tem que ser considerado por si mesmo e o elemento masturbatório está essencialmente ausente no momento da brincadeira. Se a excitação física do envolvimento instintual se evidencia, o brincar se interrompe (WINNICOTT, 1975[1951], p. 60).

À diferença de Klein, o jogo da criança, na perspectiva da psicanálise lacaniana, que vem na trilha de Freud, não tem uma significação a ser desvelada pelo analista, mas sim, faz irromper o significante. O jogo não pode ser tomado como um dizer, como um discurso, mas como uma articulação lógica inscrita no entrelaçamento entre o real, o simbólico e o imaginário.

O jogo também não representa nada. No dizer de Lacan, como vimos anteriormente, a propósito do *fort-da*, o jogo visa àquilo que essencialmente não está lá enquanto representado. Ele é o representante da representação que não há.

No tipo de interpretação proposta por Melanie Klein, Lacan assinala seu caráter "de intrusão e de recobrimento do sujeito" que induz "a uma paranoia dirigida". Nesse gênero de interpretação, o sujeito suposto saber não é atingido e, no dizer de Laurent, a análise é conduzida com a suposição da existência e da possibilidade de uma relação sexual, sempre evocada, sempre presente e voltada para a pessoa do analista.

A interpretação, em Lacan, não opera pela via da significação, mas da equivocação e do corte, sempre no nível do dito e não do comportamento ou da ação. Entre o enigma e a citação, a interpretação joga com o equívoco, a lógica e a gramática. Ela não visa a trazer uma significação como resposta, mas um sem-sentido. Não trazer a resposta implica deixar vazio o lugar da causa de desejo.

Bem, não nos cabe mais ficar discordando da clínica Kleiniana, mas apresentar o que é a nossa.

Se brincar é brincar e discurso é discurso, é o enlace entre o brincar e a palavra que nos interessa na clínica. Não se trata de excluirmos o brinquedo, mas de tratá-lo como significante e não como símbolo; tampouco se trata de ignorarmos o brincar da criança que se precipita no seu tratamento psicanalítico, mas longe de buscar sua significação, ou tentar compreendê-lo, tê-lo como suporte significante. Pois o jogo permite ao sujeito, tomar uma distância da demanda do Outro. O jogo é resposta, resposta do real. Seu manejo, pela via do discurso que o sujeito tece ao seu redor, é transformá-lo em pergunta.

Se o jogo não tem um significado, talvez tenha um sentido (*Sinn*), que não se confunde com a significação, ou com a representação. Freud, a propósito do "Sentido do sintoma", em 1916, vai nos dizer que ele é inequivocamente dependente das experiências pessoais do paciente. Talvez possamos estender essa postulação ao brincar da criança, guardando as devidas diferenças. Mesmo que encontremos na clínica o "brincar típico", o sentido dele só pode ser buscado na "expervivência" do sujeito e só pode ser articulado no encadeamento significante produzido pelo sujeito no seu discurso. Aliás, muitas vezes, o brincar tem estreita relação com o sintoma, não só pelo seu caráter repetitivo, mas também por sua articulação com o que há de sintomático na relação do sujeito com o Outro. Se no sintoma há uma palavra congelada, o brincar é um recurso a mais para a amarração da estrutura, na medida em que faz suporte ao significante, ao mesmo tempo em que é resposta do real.

O fragmento a que me reportei anteriormente, da criança encoprética que não só insistia em desenhar a "cocozada", mas também em pedir que se lesse a história do "quem tinha feito cocô na cabeça da pequena toupeira", é ilustrativo. Essa pergunta colada ao sujeito no sintoma, "quem?", "que Outro?", "que deseja o Outro?" é articulada no seu jogo.

Um menino de 4 anos diz do seu terrível medo de fantasmas que irrompe à noite, no mesmo momento em que jogava dominó. A analista pergunta-lhe sobre o que se sucede quando vem o medo, e ele responde "a mamãe me leva para a cama dela". E diz, na sequência: "esse dominó", esse "domino oh!", é seu jogo. O significante que irrompe, não por acaso, permite a intervenção da analista, nos termos da equivocação, sobre o "jogo do medo", ao que ele concorda.

O brincar não só tem relação com o sintoma, mas também com o fantasma. O fantasma é a primeira resposta para o sujeito suportar a castração do Outro, é o que permite ao sujeito suportar a angústia do confronto com a castração do Outro. Assim, o brincar já é uma interpretação.

Não se trata, portanto, na clínica, de interpretar o brincar, mas de fazer surgir a enunciação velada no enunciado sobre o brincar.

O sujeito autista e o sujeito psicótico – outras vicissitudes do brincar?

Melanie Klein, em 1929, discutindo a "Personificação nos jogos das crianças", diz que "as crianças esquizofrênicas não são capazes de brincar, no verdadeiro sentido da palavra. Executam certas ações monótonas e constitui trabalho bem difícil penetrar através delas, no inconsciente delas" (KLEIN, 1981, p. 269-270).

É importante discutirmos essa proposição. Para iniciá-la, vou valer-me de uma pontuação de nosso querido Célio Garcia em seu texto "Um lugar teórico para a noção de jogo". Nesse trabalho, Célio refere-se aos termos de Winnicott: *play* e *game*. Jogo sem regras e jogo com regras, respectivamente. Na neurose, pelo fato de a metáfora paterna operar, podemos dizer de um jogo com regras, *game*, enquanto na psicose, dada a forclusão do Nome-do-Pai, de um jogo sem regras, *play*. Mas há um jogo.

Um autista que aperta insistentemente o botão da descarga, ou roda um objeto, ou ainda, enfileira vidros compulsivamente, estaria realizando um jogo? Se na neurose o jogo tem, entre outras, uma função simbólica de metaforização, na psicose o jogo faz suplência à divisão subjetiva que não há. Mesmo que seja um jogo bizarro, insistente, aparentemente sem sentido, ele tem uma função de certo apaziguamento pulsional e, porquê não, de animação pulsional.

Pude observar em Instituições e Serviços de SM algumas crianças jogando e nunca me esqueci do que vi. Uma delas agarrada a uma pequena bola azul, apertava-a na mão, como se não tivesse um Outro acessível para repartir o lance. A bola estava lá, segura na mão, apertada ao seu corpo, e a menina soltava, além de ruídos estranhos, algumas palavras soltas. Um menino, de aproximadamente 10 anos, jogava com sua imagem no espelho. Esgueirava-se e fazia surgir sua imagem no espelho, retirando-a novamente de seu campo de olhar, escondendo-se.

Strauss (1987) traz uma tese interessante. Se para o psicótico, a metáfora delirante faz suplência à divisão subjetiva que não há, para as crianças autistas, são os chamados movimentos "monótonos e estereotipados" que teriam essa mesma função:

> A esta dimensão de pura palpitação podem corresponder as atividades repetitivas que conhecemos bastante nessas crianças: acionar sem parar um interruptor, voltar indefinidamente as páginas de um livro, dar golpezinhos com os dedos em uma superfície... Esta ação do significante no sujeito pode tornar-se, certamente, como o fenômeno mesmo da divisão subjetiva, do corte que introduz o significante no ser, fenômeno que não pode nunca captar-se em sua pureza no neurótico. Porém pelo fato da disjunção do objeto com a cadeia significante, esta divisão não é falta-a-ser, senão ausência de ser, vazio infinito (STRAUSS, 1987 p. 96).

Chamo, a esses movimentos, de jogo. É a essa dispersão angustiante do corpo e da intrusão do Outro, que o jogo, nos autismos, vem apaziguar. Um jogo sem regras, mas um jogo, cujo sentido o analista deve estar aberto a interrogar.

Os riscos do desenho na clínica com crianças

Desenho e interpretação

O desenho na clínica com crianças tem ganho, cada vez mais, um lugar especial, sobretudo entre os psicanalistas mais críticos em relação ao uso do brinquedo. Não obstante, é preciso interrogar esse gesto e apurar se ele é correlativo ao uso do brinquedo no lugar do discurso e, mais que isso, ultrapassar o campo da crítica e tentar formalizar seu estatuto nas estratégias de um tratamento.

Nos últimos anos, uma considerável literatura sobre o tema tem circulado entre nós, problematizando diferentes questões que permeiam o uso do desenho enquanto um operador na clínica.

O uso do desenho, quando se trata de crianças, é quase "natural". A psicologia é signatária de diversas técnicas que o colocam em lugar central. Nos testes de "prontidão escolar", de "personalidade", bem como nos "projetivos", eles comparecem em abundância. O "desenho da família", por exemplo, desemboca numa detalhada técnica de interpretação onde a posição dos personagens e o lugar onde se apoiam, bem como as cores e outras minúcias, vão compondo as argumentações.

A psicanálise, embora tenha recebido essa herança do uso do desenho, quer inscrevê-lo num outro registro. Trata-se, então, de formalizá-lo. Seja num registro ou noutro, os riscos de seu emprego permanecem vigorosos. A partir de recortes dos diversos autores que se ocuparam do tema, vou trazer algumas pontuações que considero importantes para a discussão dos riscos do desenho na clínica.

Balbo (1996) discute o estatuto que se dá ao desenho na economia do tratamento e em sua direção, considerando esse estatuto híbrido, dada a contingência do desenho poder estar referido à fantasia, ao sonho, ao agir na sessão e, dada a quantidade de métodos de decifração e interpretação dos desenhos. Em função disso, assinala as objeções que parecem estar relacionadas à tal hibridez de estatuto do desenho, podendo essas objeções serem resumidas no fato de que, segundo ele – e compartilho desta proposição – "é impossível decifrar ou interpretar um desenho ou qualquer atividade lúdica se a criança não os associa a algum enunciado" (Balbo, 1996, p. 31). Esse autor traz uma definição do desenho que considero importante para sustentar a proposição de que só se o interpreta se ele está associado a um enunciado: o desenho é um "rébus",[44] embora não seja do mesmo registro que a escritura do sonho. Se o desenho é um rébus, o sujeito é o escriba do inconsciente quando se põe a produzi-lo. O analista só pode interpretar, resolver o rébus, a partir das associações do "desenhante".

Esse mesmo autor alerta para a não pertinência da interpretação de um só desenho, mesmo que venha acompanhado de enunciados associativos do sujeito, havendo de ser situado numa série. Para ele, do mesmo modo que uma palavra só pode tomar sentido relacionada a outra que a precede e a sucede, da mesma forma, "[...] um desenho só pode adquirir sentido numa sucessão, a qual é como desenho da acústica de uma escritura" (Balbo, 1996, p. 59).

Os desenhos se encadeiam, dando suporte ao significante, podendo ser aglutinados numa série metonímica, tais como: casas, plantas, figuras humanas, situações cotidianas. Para ele, numa série, o desenho pode manter um traço, uma adjunção ou uma omissão. Uma série pode produzir a equivocidade. Essa equivocidade se sustenta numa articulação metafórico-metonímica. Ele trabalha tomando essas "exceções" que são apresentadas à criança, pedindo-lhe que fale desses traços singulares ou dessas omissões, ou, se preferir, fazer com isso um outro desenho. Assim, ela pode falar ou fazer escritura que dê suporte à palavra.

Chemama (1996), ocupado com o ato de desenhar, ou sobre o que faz com que se desenhe, traz a pergunta se o desenho deve ser pensado como a produção de uma marca, tendo também que fazer função de traço, inscrição de um sujeito na sua tentativa de separação do Outro.

Para ele, antes do analista querer "compreender" a produção gráfica da criança, ele deve estar atento ao fato de que essa produção se inscreve

---

[44] O termo "rébus" é usado no sentido do que faz enigma, na medida em que se refere a um ideograma no momento em que deixa de significar diretamente o objeto que ele representa para referir-se ao fonograma que corresponde ao nome desse objeto.

num diálogo e vai no sentido de que o desenho faz ato, ato de separação. (CHEMAMA, 1996, p. 24). Ele assinala, ainda, a importância de ler aquilo que do desenho faz assinatura. Uma forma que se repete na série. Há, então, um enlace entre o traço e a letra.

Ditisheim (1996) assinala que a criança que desenha põe no papel produções gráficas que surgem à sua revelia e que o analista, como leitor, deve vocalizar as letras que não estão escritas, pois essa leitura inscreverá o desenho, de um lado, numa dimensão de perda, para que se tornem significantes, e, de outro lado, para que se organizem numa sequência, fazendo história pela criança e, não, para a criança. A criança deve ser transformada, ela mesma, numa leitora de sua escritura.

Uma criança de 3 anos e meio demanda que eu desenhe, repetidas vezes em suas sessões, uma casa com portas e janelas bem fechadas e um lobo, do lado de fora. Ela completava o desenho, pondo fechaduras nas portas e janelas, e habitando a casa com a figura do pai, da mãe e da irmã, dizendo, jubilosamente, que o lobo não tinha como entrar. A cada sessão, acrescentava novos significantes que, associados, foram dando lugar a um discurso sobre seus medos. Medo de escuro, medo de ficar sozinha, medo de a mãe ir embora.

Na sessão em que surge o medo de a mãe deixá-la, ela pede de novo, o desenho da casa fechada, com o lobo lá fora, e pede ainda que eu lhe desenhe a mãe com ela no colo, quando era bebê, dizendo que, quando não sabia andar, a mãe estava sempre com ela no colo. Nesse tempo, a mãe não lhe deixava, a analista pontua. Ela diz melancolicamente que gosta muito de colo. Colo, cola... A analista interpreta a cola com a mãe, e a menina deixa de lado o desenho que coloria com traços fortes e se põe a jogar, dizendo que se esconderia, mas não poderia ser encontrada. A analista só poderia dizer "sumiu". "Achou", não. Ela repete esse jogo, durante várias sessões e escuta da analista que ela ainda não queria jogar sumiu/achou, que ela pensava que o que vai, não volta. Nas sessões que se seguiram, passa a completar o jogo. Esconde-se e pede que a analista a encontre.

O desenho da casa fechada já não figura mais e dá lugar a uma série de outros desenhos sobre "uma baleia que dá carona no mar para o menino que afoga", uma "bruxa que assusta", "uma mulher má"...

Esses traços que se repetem, que convocam o jogo, que fazem falar, foram compondo a história que essa criança construiu e leu. Não se trata para o analista, de querer compreender o que se desenha. Algo escapa. O lobo, do lado de fora, não foi mencionado. Continuou fora, estando dentro de sua escritura. Nem tudo pode ser lido pelo desenhante, tampouco, interpretado. Algo está lá, como traço, resto, resíduo de uma cena que não foi fisgada pelo significante. É um bordado do real. Uma costura que quebra o silêncio da pulsão, sem contudo, fazer barulho. Isso ocorre quando o desenho faz escritura?, podemos nos perguntar.

Desenho – estilo e escritura

As considerações que se seguem têm um tom interrogativo e são uma tentativa de formalizar aquilo que se inscreve na clínica com crianças – a função do desenho.

Barthes, em diferentes momentos de sua obra, teoriza o que são para ele estilo e escritura. Entre a língua e o estilo, há lugar para outra "realidade formal": a escritura. A escritura é um ato de "solidariedade histórica". Língua e estilo são objetos, a escritura é uma "função":

> [...] A escritura é a moral da forma, é a escolha da área social no seio da qual o escritor decide situar a natureza de sua linguagem. (BARTHES, 1989, p. 20-21)

O estilo, para Barthes, é a "coisa" do escritor, sua delícia, mas também sua solidão e sua prisão. O termo "coisa", ele tomou de Freud: o das Ding. A coisa não é nada, ela se distingue como ausente, alheia. Lacan, no seu Seminário sobre a ética, vai dizer que das Ding pode ser identificado com o Wiederzufinden – "a tendência a reencontrar, que para Freud, funda a orientação do sujeito humano em direção ao objeto" (Lacan, 1988a, p. 76).

Em *Escritores e escreventes*, Barthes nos permite afirmar que existe um estilo para a escrevência e outro para a escritura. O estilo da escritura é aquele que não se repete, enquanto o da escrevência é repetitivo. Onze anos depois, em *Sade, Fourier, Loyola*, a distinção estilo/escritura é ainda mais precisa:

> O estilo supõe e pratica a oposição entre o fundo e a forma; é o revestimento de uma substrução; a escritura, essa, chega no momento em que se produz um escalonamento de significantes de tal maneira que nenhum fundo de linguagem possa ainda ser referenciado; por ser pensado como forma, o estilo implica uma "consistência" e a escritura, para retomar uma terminologia lacaniana, apenas conhece "insistência" (BARTHES, 1971, p. 12).

Perrone-Moysés (1978, p. 39) vai dizer que Barthes avançou sua hipótese de que "em determinados casos o estilo pode transformar-se em escritura, graças a certas emergências do inconsciente numa enunciação." Em 1975, em *Roland Barthes por Roland Barthes,* essa ideia ganha destaque:

> Mas o estilo é sobretudo, de algum modo, o começo da escritura; ainda que timidamente prestando-se a grandes riscos de recuperação, inicia o reino do significante (BARTHES, 1977, p. 92).

No mesmo ano, em entrevista publicada depois em *O grão da voz*, diz que longe de considerar o estilo como uma "decoração supérflua" e bonita, ele o toma como uma viagem complexa. Se o estilo foi marcado por ideologias que não são as nossas, a escritura – o trabalho do corpo que está sujeito à linguagem – passa pelo estilo. A escritura começa pelo estilo, que não é o bem-escrever e não pode ser reduzido a uma "intenção de boniteza pobremente estética". Para Barthes, o estilo está mais além de uma riqueza da forma ou de uma modalidade puramente estética. É a marca do escritor no texto, assim como a escritura, que não deixa de ser também a posição que o sujeito-escritor toma diante daquilo que escreve, fazendo a função de uma certa mediação entre o escritor e aqueles para quem ele escreve.

Essas formulações de Barthes são preciosas para introduzir as questões que nos interessam. A escritura, que se depreende do estilo, enquanto efeito de discurso, é traço das emergências do inconsciente na letra. Poderíamos tomar o desenho da criança como uma marca de seu estilo? E, para além de sua dimensão estética, como uma escritura?

Dolto (1985), em um seminário fala de seu livro *A imagem inconsciente do corpo*, situando algumas questões relativas ao desenho, a partir de um estudo dos desenhos de crianças portadoras de neuroses graves ou de doenças físicas. Ela recebe vinte desenhos de crianças hospitalizadas numa enfermaria de cirurgia do coração e se dá conta da importância da representação do mundo vegetal na figuração dos galhos das árvores presentes nos desenhos daquelas crianças que não foram influenciadas na escolha temática de seus desenhos. As formas plásticas, as paisagens ou as figuras meio humanas, meio vegetais, mudavam segundo cada criança. Ao que eu leio como a marca de um estilo. Entre os desenhos, havia um que representava o corpo humano entumescido, preenchendo completamente a página de cor vermelha e diferente dos outros. Ela pergunta de que sofre aquela criança cujo desenho não era como os outros, e descobre que o menino que fizera aquele desenho chegara à urgência por causa de uma torção nos testículos e, não havendo leitos em outra enfermaria, fora colocado na de cirurgia do coração.

Ela fala da diferença essencial entre a imagem produzida por esta criança e as outras, na medida em que esta fora atingida no nível das forças vivas – os testículos – que representavam aos 8 anos, uma fonte pulsional importante e um apelo à busca do prazer.

Dolto refere-se às formas presentes em todos os desenhos infantis, por exemplo, a casa, o sol, a flor, correspondendo-as a uma significação geral sobre as quais alguns psicoterapeutas apoiam-se para ler um desenho infantil. Para ela, trata-se da colocação em cena de um fantasma referido à imagem inconsciente do corpo. Existe uma parte do desenho que pode ser lida sem necessariamente apelar à palavra da criança.

> O desenho é uma linguagem diferente da linguagem falada. O desenho é uma estrutura do corpo que a criança projeta e com a qual ela articula sua relação com o mundo. Quero dizer que por intermédio do desenho a criança espaço temporaliza sua relação com o mundo. Um desenho é mais que o equivalente de um sonho, é em si mesmo, um sonho, ou se você prefere, um fantasma tornado vivo. O desenho faz existir, concretamente, a imagem inconsciente do corpo em sua função mediadora (DOLTO; NASIO, 1991, p. 28).

A despeito do que propõe Dolto, penso que mesmo nos desenhos "típicos" que são produzidos por várias crianças, o sentido está ligado à experiência do Um a Um, do encontro de cada sujeito com o sexual. Ali o sujeito põe no papel seu traço, seu modo próprio de ter sido atravessado pela experiência, sua marca, seu "sê-lo". Não há meios de lê-los sem a palavra da criança no comando. Também não creio poder tomar o desenho como o sonho. O desenho não é uma formação do inconsciente, embora seja atravessado por ele.

Para nós, interessa menos o que o desenho "é", mas sua função para e no sujeito. A pergunta é se o desenho faz uma cifra de gozo e se, por isso mesmo, faz escritura. Soler (1991a) pergunta-se como a estrutura se inscreve no desenho, para pensar o alcance da interpretação do analista.

Lacan, no Seminário 23, *O sintoma* (1975) se ocupa da obra e da sua função de escritura a partir da leitura de James Joyce. A noção de escritura, em psicanálise, refere-se àquilo que viria dar consistência à estrutura do sujeito, quando falha ou fracassa a função do Nome-do-Pai. Ela está referida à letra no inconsciente e, por isso mesmo, é vazia de sentido, não visando a qualquer espécie de comunicação, diferentemente da escrita, ligada à produção discursiva.[45] A escritura é sempre de um ponto de limite, daquilo que não se pode escrever. A pergunta que insiste é se o desenho pode ser tomado na clínica como uma tentativa do sujeito de fazer escritura. É certo que podemos encontrar na escritura o estatuto de um trabalho, mas poderíamos ter no desenho a função de escritura? Tomado como escritura, ele é, por si só, uma interpretação e, por isso mesmo, prescinde da interpretação do analista, sendo apenas esteio para os enunciados nos quais, aí sim, incide a interpretação.

O desenho, enquanto escritura, não é uma projeção do fantasma, como quer Dolto, ele está no lugar do fantasma. O fantasma enquanto resposta do sujeito para suportar a castração do Outro, enquanto o que permite ao sujeito suportar a angústia que provoca o desejo do Outro.

---

[45] Ver: Carvalho (1999).

A posição dos pais na psicanálise com crianças

Família: do que se trata?

Antes de nos atermos à posição dos pais na psicanálise com crianças, trago algumas considerações sobre as novas estruturas familiares e o estrutural da família. São questões iniciais, sem pretensão de que se constituam num estudo sobre o tema, complexo e marcado por contradições de toda ordem. Abre-se, pois, aqui perspectivas e interrogações para seguirmos trabalhando.

Esse título já nos permite aventar pelo menos duas questões: de que família nós tratamos quando tratamos a família e do que tratar na família.

Se a pergunta sobre o lugar dos pais na condução do tratamento de uma criança esteve sempre presente para um psicanalista, a atualidade impõe, além desta, outras e novas interpelações. As transformações por que passa a família hoje comparecem no cotidiano da clínica. A língua mostra-se insuficiente para designar determinados vínculos das novas organizações familiares. As figuras da "mulher do pai" ou "marido da mãe" – que têm as crianças como enteados ou enteadas – não são passíveis ainda de serem nomeados na relação com elas. Na ausência de significantes que possam inscrever no simbólico a presença destes novos "papéis", quiçá funções, estranhos são os lugares que muitas vezes eles ocupam pelo menos, no discurso da criança, não raro, alienado ao discurso de um adulto.

Algumas crianças referem-se, por exemplo, ao namorado da mãe ou à namorada do pai, como "tio" ou "tia", aos irmãos advindos dessas novas uniões como "meios-irmãos" e, não raro, convivem na mesma casa com os filhos "da mulher do pai" ou do "marido da mãe", sem saber que espécie de lugar poderia ser dado a eles na lógica de parentesco.

A "madrasta", figura tão assustadora dos contos de fadas, adentra-se de carne e osso nas residências de crianças de todas as idades. No dicionário, madrasta quer dizer mulher má, incapaz de sentimentos afetuosos, aquilo de que provêm vexames e dissabores em vez de proteção e carinho. Certamente quando entram, as madrastas não chegam destituídas de sentido ou impermeáveis ao lugar que lhes cabe no coração da linguagem...

As famílias monoparentais, as famílias recompostas, as famílias formadas de casais homoafetivos, são alguns dos novos modos de organizações familiares. Não raro, são estas as famílias que chegam à nossa clínica atualmente, impulsionando-nos a um trabalho de formalização de seus efeitos na função simbólica da família, constitutiva do sujeito.

As novas formas de estruturas familiares e o "estrutural da família"

Na perspectiva de rastrear a questão que nos move – "de que se trata na família?" –, com a qual se encontram imbricadas muitas outras questões, uma delas, "por que tratar a família?", torna-se necessário trazer alguns elementos para uma discussão que se abre sobre as novas formas de organização familiar e sua relação com a hipótese estrutural da família, postulada pela psicanálise.

São questões iniciais que certamente não serão suficientes para ultrapassar o tempo de compreender e alcançar o momento de concluir. Talvez, nesta modulação lógica, poderíamos situá-las entre o instante de ver e o tempo de compreender, mas, mesmo assim, arrisco-me a trazê-las, posto que estão ligadas a pontos do real da experiência. Assim, este trabalho é parte de uma pesquisa em andamento.

Tanto na clínica do consultório, quanto na Clínica-Escola das Universidades,[46] e nos serviços públicos de saúde mental, vimo-nos diante de alguns impasses éticos relativos ao modo como se apresenta a criança e seu discurso face à estrutura familiar, interpelando-nos e levando-nos a pensar sobre como operar. Seria possível às famílias que se apresentam hoje em nossa clínica a transmissão que lhes cabe na constituição do sujeito? Sob que condições?

Tais interpelações nos colocam frente à delicada questão da hipótese estrutural da família postulada por Lacan, na qual a função dos elementos

---

[46] Refiro-me a Clínica-Escola das Universidades e a Serviços de Saúde Mental, onde já trabalhei na formação de psicólogos como supervisora clínica.

parentais e de sua inscrição no inconsciente já determina um registro distinto do chamado "ambiente familiar" e da "estrutura familiar", principalmente das novas formas de organização da família na atualidade, as quais, entretanto, precisamos considerar.

Seriam indissociáveis as novas estruturas familiares e a função estrutural da família? Como relacionar essas duas perspectivas sem, contudo, confundi-las?

Vou trazer um fragmento clínico que foi endereçado a mim em supervisão clínica,[47] que nos permite abrir a discussão.

A mãe de André é separada do marido e tinha uma filha já casada quando ele chegou. André vem à clínica por uma "questão com o nome" que passou a incomodar a mãe. Ao longo das entrevistas preliminares essa criança traz sua questão com o "pai" "cunhado", referindo-se ao marido de sua irmã a quem "chama de pai". Resvalar para uma leitura moral não seria difícil nesse caso. Na supervisão surgiram questões tais como: se caberia ou não ao analista retificar a criança em relação à organização familiar, ou consentir que esse menino sustentasse essa filiação, uma vez que a circunstância do pai, na qualidade de genro da mãe, marido da irmã, poderia colocar a criança como "filho do incesto".

Este caso é paradigmático de muitos outros que trazem esse tipo de questão. Em muitas situações, o avô passa a ser o pai da criança, ou a avó toma o filho do filho ou da filha como seu, dizendo-se mãe daquele que seria o neto, não raro, transformando o fato num "segredo de família", muitas vezes revelado ao analista. Destas situações, quando cercada de silêncio, às vezes, a única palavra sobre o fato encontra-se congelada no sintoma da criança.

Foi justamente na aposta de que a função simbólica da família "não se reduz às leis rigorosas da lógica do parentesco ou da genealogia" (GARCIA, 2004, p. 26) que decidimos por acolher na escuta o significante trazido pela criança: pai-cunhado. No dicionário,[48] cunhar significa imprimir cunho, marca, inventar, criar. Coube-nos interrogar em que medida esse pai-cunhado, inventado, criado, se constituía para essa criança como agente da castração, "vetor da lei do desejo" – função estruturante que Lacan, em "Nota sobre a criança", dá ao pai.

---

[47] Este caso foi endereçado a mim em supervisão na Clínica-Escola da Universidade Fumec, pelas estagiárias Cristiane Lage e Talita Carvalhais Lauar, as quais agradeço por permitirem esses comentários.

[48] Houaiss (2001).

Nesta mesma Nota, Lacan discute o sintoma da criança como representante da verdade da mãe ou da verdade do "par familiar". Como dissemos anteriormente, vale lembrar, esta expressão parece interessante para nos orientar na escuta da família de uma criança em análise: esse par pode ser da mãe com o filho mais velho, ou da mãe com seu próprio pai ou sua própria mãe (avós da criança), ou até com seu novo parceiro, em casos de separação ou não; ou do pai com sua própria mãe, irmã, amigo, etc. Trata-se de um par, este "par" que a criança, com seu sintoma, testemunha ou denuncia, sustenta ou tenta destituir. Essa pontuação é de muito valor clínico, pois nos permite interrogar, mais amplamente ainda, a estrutura familiar e o possível de se sustentar ou não a função estrutural da família.

Outras formas de organizações familiares nos chegam na atualidade. As famílias monoparentais – aquelas nas quais se encontra ou só a mãe ou só o pai, ou mesmo só a avó ou algum parente diretamente responsável pelos cuidados e sustentação da criança. Muitas vezes, o pai é desconhecido ou há casos em que um parente tem a guarda da criança. Há também famílias cuja mãe ou pai são solteiros, com filhos biológicos ou adotados.

Ainda podemos falar dos chamados "filhos de pais divorciados", onde apenas um do par possui a guarda da criança, ou seja, onde não há guarda compartilhada e um pacto de solidariedade entre os pais em relação à criança.

Famílias recompostas – aquelas resultantes da re-união de pais que se casam novamente, tendo filhos provenientes dos segundos ou mais casamentos. Aqui também vimos chegar as famílias cujos avós recebem a filha ou o filho e os netos sob o mesmo teto ou, ainda, aqueles que perderam os filhos e receberam os netos para cuidar, ou mesmo aqueles que cuidam "como se fossem" seus, ou ainda os solteiros com filhos que moram com os pais. Poderíamos citar ainda muitos outros modos de organização de famílias recompostas que chegam cotidianamente; famílias compostas pelo casal homoafetivo e o filho, ora de um deles, ora adotado pelo par, são algumas das maneiras como se apresentam as famílias.

É certo que no campo da psicanálise não se trata de manter os ideais familiares que ainda sustentam a referência à família, como querem os conservadores que tomam a defesa da família. A questão que se coloca com vigor: como a família, a despeito do modo como se organiza, pode se constituir naquela que faz a transmissão de um nome, que faz perseverar a referência a Um pai, à lei do desejo?

Uma questão que se coloca hoje no dia a dia dessas famílias, sobretudo recompostas, é a dificuldade da "mulher do pai" de fazer a função maternante sob a alegação de que a criança já tem sua mãe e sob o medo de ocupar um lugar que não é seu – o da mãe. Isso vale também para o "marido da mãe" que, pelas mesmas razões, não se coloca na função paterna. Resulta disso uma dificuldade da criança de se situar em relação a cada um, uma vez que o interdito não se faz valer. Isso acontece também em relação aos chamados meios-irmãos. Aí só estão "meio" interditados. Nessas situações a criança pode ficar à deriva na trama de suas fantasias, o que traz efeitos devastadores para ela.

Pude escutar na clínica uma mãe dizendo que, embora sua filha de 9 anos fique "se aprontando" para esperar "seu companheiro", tal como ela mesma procede, quando o encontra – queixa a mãe – o trata agressivamente. A agressividade não estaria aí para fazer recobrimento a uma erotização "fora do lugar", sem barra?

Outro aspecto que podemos considerar hoje é que, além dos "meninos e meninas de rua" – os quais tenho chamado "irresidentes"[49] –, meninos e meninas de classe média e alta, não raro, estão "sem casa". Eles dizem na clínica: "Esta semana vou para a casa do meu pai", "fico esta semana na casa de minha mãe". Muitas vezes, têm apenas o quarto na casa de cada um dos pais, não sentindo a casa como sua. Seus objetos – que, de modo geral, não são poucos – são dispersos, seus "valores de intimidade" vão se perdendo.

Lacan (1999) no seu Seminário 5, *As formações do inconsciente*, de 1957-1958, ao deter-se sobre a metáfora paterna, antecipa questões que hoje estão na ordem do dia: a carência paterna – ponto nodal em torno do qual giram as questões da função estrutural da família. Ali ele faz muitas interpelações, entre elas, uma que vou destacar: "ao procurarmos a carência paterna, pelo que nos interessamos no que concerne ao pai?" (p. 172). Lacan nos adverte que as perguntas acumulam-se no registro biográfico. "O pai estava ou não presente? Será que um Édipo pode constituir-se normalmente quando não existe pai?".

Lacan assinala que inicialmente pensava-se que era algum excesso de presença paterna, ou excesso de pai, que engendrava todos os dramas, até que se percebeu com a neurose que, quando o pai era extremamente gentil, isso era ainda mais grave.

---

[49] Ver: Ferreira (2002).

> [...] Estamos agora no extremo oposto a interrogar sobre as carências paternas. Existem os pais fracos, os pais submissos, os pais abatidos, os pais castrados pela mulher, enfim, pais enfermos, os pais cegos, os pais cambaios, tudo o que quiserem. Conviria tentar perceber o que se depreende de tal situação, e encontrar fórmulas mínimas que nos permitam progredir (LACAN, 1999, p. 173).

Ele nos dá indicações precisas de que todo cuidado é pouco quando se trata de pensar a carência do pai. A questão de sua presença ou ausência concreta reduz-se a um elemento do "meio-ambiente". Ele nos adverte de que é um fato da experiência que o pai esteja presente mesmo quando não está, "o que já deveria nos incitar a certa prudência no manejo do ponto de vista ambientalista no que concerne à função do pai" (p. 173).

Esta questão merece de nós uma atenção especial, posto que não é raro considerações por parte de terapeutas ou analistas de que a "ausência" está referida à realidade pura e simplesmente. Assim, o pai que trabalha passa a ser qualificado de ausente.

Necessário se faz discernir, na clínica, a ausência Do Outro e a ausência No Outro, e as consequências subjetivas para cada sujeito.

Lacan prossegue dizendo que mesmo nos casos em que o pai não está presente, em que a criança é deixada sozinha com a mãe, complexos de Édipo inteiramente normais se estabelecem de maneira homóloga à de outros. (p. 173). Ainda, no dizer de Lacan, com o caso do pequeno Hans, podemos interrogar verdadeiramente em que consistia a carência do pai, uma vez que sua presença na família era intensa: estava ao lado da mulher, sustentava seu papel, cuidava do filho.

Assim, ele vai nos dando o fio que nos conduziu a tessitura desta discussão:

> A questão de sua posição na família não se confunde com uma definição exata de seu papel normatizador. Falar de sua carência na família não é falar de sua carência no complexo. De fato, para falar de sua carência no complexo, é preciso introduzir uma outra dimensão que não a dimensão realista, definida pelo modo caracterológico, biográfico ou outro de sua presença na família (LACAN, 1999, p. 174).

Podemos nos acercar mais um pouco da questão, trazendo um fragmento clínico.

Os pais de Nilo foram à clínica[50] porque Nilo não fala. No dizer da mãe, "ele tem preguiça de falar". É uma criança de 6 anos que foi diagnosticada como autista. A mãe, ao ser interpelada sobre o diagnóstico dado pelo neurologista, diz que "seu filho é uma caixinha fechada que ainda não aflorou".

Nas primeiras sessões, Nilo, ao ser convocado pela mãe, completa as sílabas ou palavras que ela inicia, numa certa relação de continuidade. Este e outros jogos vão sendo propostos pela mãe, que não traz sequer um ponto de angústia frente à situação de sofrimento psíquico da criança. O único contato visual que Nilo estabeleceu com a terapeuta foi no momento em que esta cantarola a música "o sapo não lava o pé" – estratégia que permite que a voz não chegue como um mandato do supereu, podendo ser escutada pela criança.

Essa criança quase sempre vem acompanhada da mãe, do pai e da babá. O pai quase não fala, não se pronuncia em relação à criança. A terapeuta relata que o pai sempre se ausentava no meio das sessões, dirigindo-se para conversar com o porteiro da clínica.

Este "estar fora" das sessões foi lido inicialmente como uma mostra de seu "estar fora" na estrutura. Em supervisão, porém, foi possível escutar que não se pode deduzir a ausência do pai a partir desse fato, mas considerar que esse pai poderia estar angustiado e apto ao exercício de sua função. Isto trouxe mudanças significativas na direção do tratamento.

A clínica é rica em exemplos, prontos para servir de armadilhas, sobretudo quando se trata das novas organizações familiares, quando nos esquecemos de que, o que importa é que independentemente de sua configuração, "nela, alguns elementos são estruturais, invariáveis, pois ela é a instituição que faz valer, para o ser falante, a função simbólica da castração, o impossível de inserir no campo da linguagem" (CIRINO, 2001, p. 44).

No texto "Subversão do sujeito e dialética do desejo no inconsciente freudiano", Lacan, acossado pela função da mãe e do pai na estrutura, confere à mãe o lugar do Outro, e ao pai, a autoridade da lei.

> Que dessa autoridade da Lei o Pai possa ser tido como representante original, eis o que exige especificar sob qual modalidade

---

[50] Este fragmento clínico foi trazido por Ana Lúcia Ricciardi Coelho, na época estagiária do curso de Psicologia da Universidade Fumec, a quem agradeço por endereçar-me o caso em supervisão na Clínica-Escola e autorizar a publicação destes comentários.

privilegiada de presença ele se sustenta, para além do sujeito levado a ocupar realmente o lugar do Outro, ou seja, a mãe (LACAN, 1998, p. 828).

Seguindo as elaborações de Lacan, encontramos sua fina leitura de questões da realidade da família e de sua função estruturante. Em seu trabalho "De uma questão preliminar a todo tratamento possível da psicose", o Nome-do-Pai aparece como o que reduplica no lugar do Outro, o próprio significante ternário simbólico, na medida em que ele constitui a lei do significante. Diz Lacan (1998):

> O ponto em que queremos insistir é que não é unicamente da maneira como a mãe se arranja com a pessoa do pai que convém nos ocuparmos, mas da importância que ela dá à palavra dele – digamos com clareza, a sua autoridade – ou, em outras palavras, do lugar que ela reserva ao Nome-do-Pai na promoção da lei (p. 585).

Assim, nestas novas estruturas familiares somos interrogados sobre sua possibilidade de transmissão[51] da lei significante, fazendo a barra ao pai real. É preciso recolher da clínica seus efeitos. Contudo, Célio Garcia (2004) nos diz que certos modelos teóricos veem como lamentável o estado da família moderna e julgam necessário restaurá-la, advertindo-nos de que:

> Quanto à psicanálise, ela nada tem a dizer senão que um sujeito sempre poderá encontrar substitutos que lhe emprestarão um desejo e, com isso, uma inscrição no Outro. Administrar a justiça do Outro e regular a insensatez do gozo são prerrogativas que a instituição familiar transformou em regras. Ao se manter como guardiã da hegemonia do pai, a família cria um lócus que se autojustifica moralmente. Com isso, ela se expõe a sofrer os abalos trazidos pelo tempo (GARCIA, 2004, p. 26).

Assim, às vezes, podemos escutar o barulho de uma tensão nem sempre passível de ser resolvida, no movimento pulsante da clínica, que traz a necessidade de uma volta a mais. Seria possível às famílias que se apresentam hoje em nossa clínica a transmissão que lhes cabe na constituição do sujeito? De que família se trata? De que se trata quando se trata a família?

---

[51] Termo utilizado por Kupfer *in* Bernardino (2004).

A despeito do modo como se estruturam as famílias que chegam à clínica e na psicanálise com crianças, é nosso dever ético interrogar por que e de que tratar quando as acolhemos.

Família: por que tratar?

A revista *Época*,[52] traz a manchete intitulada "Filhos do divórcio". Não se trata de filhos de pais separados, mas de filhos "do divórcio". A reportagem mostra que a cada ano crianças veem seus pais se separarem nas regiões metropolitanas, trazendo uma discussão sobre a "separação sem traumas", quando o casal tem a guarda e não apenas um dos pais, e quando há certa solidariedade entre os pais na relação com os filhos após a separação, dizendo que estudos mostram que o "divórcio não prejudica as crianças". Aqui, novamente, só está em pauta a questão do "meio-ambiente" e não as questões do estrutural da família.

Este não é, porém, o ponto sobre o qual quero me deter, mas num ponto com o qual a mesma reportagem é iniciada, com uma música que se tornou comum nos aniversários de crianças que, após cantarem "parabéns pra você", cantam nos ouvidos dos adultos, que fazem coro com as crianças o já naturalizado "com quem será?", que ganhou uma nova estrofe: "Com quem será/ com quem será/ com quem será que o Lucas vai casar?/ Vai depender/ vai depender/ vai depender se Mariana vai querer. /Ela aceitou/ ela aceitou/ teve muitos filhos e depois se separou".

Interessante que nenhum sinal de estranhamento ou desconforto marca o tom da reportagem, pois, segundo a jornalista, a música é "embalada por vozes de crianças que se divertem com um tema tão presente, direta ou indiretamente, em suas vidas".

Esta aparentemente "divertida" brincadeira, que, segundo a jornalista, retrata as vidas das crianças ou o seu entorno e, podemos dizer, até fixa um destino, não estaria na série de razões pelas quais um psicanalista deve tratar a família?

Se anteriormente as respostas à pergunta "por que tratar os pais ou a família na psicanálise com crianças?", como foram apresentadas neste trabalho, incidiam mais sobre as condições do tratamento, sobre a escuta do lugar e da posição da criança na estrutura familiar, hoje eu responderia a essa pergunta de outro modo.

---

[52] Precisamente de 24 de janeiro de 2005. Reportagem de Martha Mendonça.

Eu diria que é necessário tratar a família para que ela possa sustentar as possibilidades de que haja infância, para que a infância da criança não desapareça, para que exista criança e, mais especialmente, para que, a despeito de sua organização, possa sustentar sua função.

Aqui não se trata de pensar na "clínica das transformações familiares",[53] mas em que as transformações familiares comprometem a infância da criança, o direito à infância. Já nos referimos antes ao dizer de Freud numa de suas cartas a Fliess, de 1887: "sempre se é filho da época em que se vive, mesmo naquilo que se considera ter de mais próprio".[54]

Cirino (2001) discute em seu livro, no capítulo intitulado "Desaparecimento da infância?", se as transformações socioculturais do século XXI, já anunciadas ao final do século XX, produzirão mudanças no estatuto da infância ou se essas transformações implicariam o desaparecimento da infância, dada, sobretudo, a uma apologia da adolescência. Ali ele discute como as crianças começaram a perder "sua especificidade estética", como são levadas a dançar e rebolar, a se maquiarem e a se vestirem de modo sensual, que lembram não adultos em miniatura, como na Idade Média, mas a camuflagem de adolescentes (p. 47).

Precisamos interrogar de modo incisivo, a partir daquilo que a clínica nos ensina, o que está implicado nessa perda da especificidade estética e, para além dela, em que medida as questões colocadas para as crianças as destitui de sua condição de crianças, em que consistiriam os sinais do desaparecimento da infância na cultura, na família e, ainda, o que significa para uma criança o desaparecimento da infância ou não poder existir como criança.

Ao dizer que é preciso que exista criança, que a infância não desapareça, não é porque pensamos a infância de modo idealizado ou romântico, como se fosse o tempo da ingenuidade e da felicidade, nem tampouco sustentamos os argumentos numa perspectiva desenvolvimentista, mas para que estejamos atentos ao particular da criança, ao movimento da estrutura nesse momento da vida que é a infância.

Quando a música "com quem será?" anima os aniversários infantis, a criança é enredada em questões que não são suas. Casamento, filhos e separação. Escutando uma menina de 5 anos, ela dizia que "esta palavra

---

[53] A "clínica das transformações familiares" é um nome dado pelo Centro Descartes na Argentina, que tinha um módulo de investigação sobre o tema.

[54] Carta de 5 de novembro de 1897. Ver: Masson (1986, p. 278).

não é de criança", mas de adulto, pois "filho não casa". Participando do aniversário de um menino de 5 anos, ao som da música "com quem será?", ele, com o rosto desfigurado de angústia, tapava veementemente a boca da mãe com uma das mãos e a do pai, que estava ao seu lado, com a outra mãozinha.

Cena que as professoras de crianças de 5 e 6 anos tentam evitar quando o aniversário é na escola, dizendo antes: "Ninguém cante 'com quem será?', pois a aniversariante não quer, viu gente?".

Se essas questões são de certo modo apaziguadas por estarem na letra da música, nem sempre é assim que acontece. Muitas crianças são lançadas em cenas que não são suas, cotidianamente, de forma bruta, fatos que contribuem para que deixem de existir como crianças. Podemos apreender essas situações, desde as mais corriqueiras, como assistir a novelas, programas de televisão e até desenhos animados, ou jogar *games* e entrar em *sites* na internet que são alheios à infância – cujos temas trazem efeitos muito desastrosos para as crianças. Mas há situações ainda mais graves, como as de violência, de abandono, de maus-tratos, de erotização precoce, de abuso, de trabalho e exploração, pelas quais passam milhares de crianças.

Muitas delas chegam à clínica enlouquecidas. Não se trata de crianças loucas, no sentido da psicose, mas enlouquecidas,[55] como esclarecemos antes – aquelas que têm suportado mais do que poderiam suportar nesse tempo da infância.

Não obstante, não é apenas nessas situações extremas nas quais a criança perde sua condição de criança, mas em todas as situações nas quais a criança é tratada como objeto, destituída de sua condição de sujeito, também por aqueles que são suas "potências tutelares do amor"[56] – expressão utilizada por Colette Soler para designar a mãe, o pai, o cuidador, a família e, poderíamos acrescentar, também por aqueles que buscam ampará-las nos seus direitos, como vimos anteriormente.

Por vezes, essa "objetalização" da criança se dá por uma permanente resposta às suas demandas, onde seu desejo não é considerado. As crianças tirânicas ou as que permanentemente se opõem ao outro, ou até mesmo as anoréxicas, estão aí para testemunhar esse modo de laço.

---

[55] Ver: Soler (1994).

[56] Este tema foi tratado por mim em minha tese de doutorado, apresentada à Faculdade de Educação, FaE/UFMG: *A criança e o trabalho infantil: nos bastidores da favela, da televisão, do cinema e das passarelas*. Um estudo de psicanálise e Educação, 2011.

Outras vezes, a criança se torna objeto de narcisismo dos pais ou de um deles, objeto supervalorizado, pois toma o lugar de reparação ou até mesmo de sutura de seus pontos de falta, deixando a criança à deriva, como Freud bem o demonstrou:

> Eles se acham sob a compulsão de atribuir todas as perfeições ao filho [...] e de ocultar todas as deficiências dele. (Incidentalmente a negação da sexualidade nas crianças está relacionada a isso). Além disso, sentem-se inclinados a suspender, em favor da criança, o funcionamento de todas as aquisições culturais que seu próprio narcisismo foi forçado a respeitar, e a renovar em nome dela as reivindicações e privilégios de há muito por eles próprios abandonados. A criança terá melhor sorte que seus pais. Ela não ficará sujeita às necessidades que eles reconheceram como supremas na vida. A doença, a morte, a renúncia ao prazer, restrições à sua vontade própria não a atingirão; as leis da natureza e da sociedade haverão de cessar diante dela, ela será mais uma vez o centro e o âmago da criação – "sua majestade o bebê". A criança deverá realizar os sonhos, os desejos irrealizados de seus pais; o menino será um grande homem e um herói no lugar do pai e a menina se casará com um príncipe, como compensação para a mãe (FREUD, 1974 [1914], p. 108).

Exemplo disso são as crianças que tenho chamado "in-visíveis". Crianças que trabalham na televisão, gravam durante mais de oito horas num único dia, somente porque os pais consideram importante, bonito. "O salário dela vai para a caderneta de poupança", diz a mãe de uma delas que, na época desta reportagem, tinha 8 anos de idade e que "representa" ou "faz" a personagem Emília, do Sítio do Pica-Pau Amarelo. Segundo a reportagem da *Época*, a maratona da menina começa às 7 horas e segue até meio-dia, horário do fim das aulas e, acompanhada pela mãe, avança nas gravações, das 14 às 21 horas. A menina, chamada na reportagem de "A bonequinha de luxo", diz que "às vezes dá tempo de fazer o dever de casa, às vezes não. E tem dias que eu fico cansada". "O cansaço ela resolve como pode. Cochila no carro enquanto vai da escola para a gravação e aproveita o fim de semana para passatempos que o trabalho acaba impedindo" – diz a reportagem. Situações como a desta criança são comuns na vida de dezenas de outras,[57] que apenas objetos do narcisismo dos pais, quando não, verdadeiros fetiches, vão perdendo sua condição de criança.

---

[57] Lacan (1981).

A clínica também nos faz compreender como algumas mães ou pais vivem e desejam através de seus filhos, e como esse extravio do desejo tem consequências na vida deles, fazendo-os responder, às vezes com muita angústia ou com depressão. Do lado da criança, se o enigma que o desejo do Outro deve consistir para ela não é sustentado ou é desfeito por este extravio ou se a resposta encontrada é o "anonimato do desejo", elas podem responder drasticamente.

Em tais circunstâncias, a pergunta sobre o valor que ela tem para o Outro que levaria à pergunta afeta a separação: "pode o Outro me perder? é respondida, não sem intensa angústia. A resposta de que a vida dos pais depende da sua pode impedir a criança de viver. As crianças anoréxicas, as que "vivem doentes" ou as que fazem atuações graves – machucam-se, cortam-se, ferem-se constantemente ou o fazem com outras crianças – ou até as que fazem passagem ao ato, irruptivas ou discretas dão mostras disso.

Há outras faces da mesma moeda. Um jovem adulto, interrogando seu fracasso escolar e sua dificuldade de "dar certo no que faz", traz numa de suas sessões um ódio intenso da mãe, que tentara suicídio devido aos conflitos com seu pai. Ato que segundo ele atesta um desamor por ele e sua menos-valia para esta mãe, a quem ele dedica, a partir daí, sua vida. Ao longo de sua análise escuta que seus fracassos "mantêm a mãe viva", pois "ela vive para ele e seu irmão". Criada esta situação de dependência mortífera, pois agora é ele o morto – posto que cedendo sempre ao seu desejo, acredita sustentar com sua existência a vida da mãe. Podemos identificar inúmeras situações clínicas nas quais está em jogo esse extravio do desejo, ou esse "se dar como objeto", em nome de ter algum valor para o Outro.

Na clínica escutamos tanto de crianças quanto de adolescentes e adultos, quando a questão foi uma tentativa de suicídio, que se trata muitas vezes de uma tentativa de sair de cena, quando não é possível sair da cena. Muitas vezes, cenas nas quais o sujeito é colocado como objeto ou se vê compelido a se colocar como objeto.

Em "Nota sobre a criança", Lacan nos diz que inicialmente a criança é tomada como objeto da mãe e que seja na neurose, na psicose ou na perversão, a criança é chamada a revelar a verdade deste objeto *a* que sutura a falta materna. Ela encarna, corporifica o objeto *a*, e assim a falta da mãe é tamponada. É necessário, portanto, que à criança seja dada a condição de se descolar da identificação a esse objeto, para que

> ela encontre a causa de seu desejo, e que não seja apenas o objeto que tampa o furo, impossível de tamponar, que é o furo do Outro. Isso permitirá à mãe a possibilidade de ter acesso à verdade de seu desejo. [...] Se a criança atravessar a posição que ocupava no fantasma do Outro, também a mãe recuperará o lugar de seu desejo. [...] Ela encontrará seu desejo justamente quando a criança deixar de ser a tampa de seu fantasma (VIDAL, 1993, p. 104).

Assim, vemos prefigurar infinitas modalidades de situações e posições nas quais a criança perde sua condição de criança, sua infância, seu lugar de desejo, prostrando-se como objeto, o que seria a principal razão para tratar a família. Quando ressalto a importância de tratar a família, não entendo que seja nos termos de promover uma análise dos pais ou cuidadores, mas dar tratamento, acolher na escuta e colocar em ato o desejo de cada um, retificando sua posição e sua função, quando possível.

Sabemos que muitas vezes há uma impossibilidade da mãe ou do pai de adotar o filho[58] – dotá-lo do dom de amor, de cuidados que trazem a marca de um interesse particularizado. Isso quando a mãe ou o pai não puderam adotar a criança que ela ou ele foram e, assim, vivem através do filho, o desamparo que é seu próprio. Em outras situações, os pais ou um deles ou o cuidador, como já foi dito, identificam a criança e com a criança no lugar de vítima, cristalizando para ela e para eles respostas impotentes diante da pulsação da vida. Este ponto nodal, uma vez escutado, muda o lugar e a posição tanto da criança, quanto da família.

Para concluir estas considerações, trago Freud, que em 1910, no texto "Contribuições para uma discussão acerca do suicídio", referindo-se àqueles que cuidam das crianças e dos jovens, nos diz que sua função é "dar-lhes o desejo de viver e lhes oferecer apoio e amparo, além de despertarem seu interesse pelo mundo exterior" (FREUD, 1969k, p. 218). Abrir o caminho de possibilidades para que os pais, os cuidadores e a família realizem essa função de dar às crianças o desejo de viver, amparo e interesse pelo mundo é dever ético do analista.

Da posição dos pais e cuidadores na psicanálise com crianças

No caminho da elaboração sobre o lugar dos pais na psicanálise com crianças, é possível identificar as tentativas de vários autores processarem

---

[58] Trabalhei esse tema no artigo "Adoção: mitos, dilemas, equivocações", no livro organizado por mim: *A criança e a saúde mental: enlaces entre a clínica e a política*.

suas discussões, alguns deles tendo no discurso de Freud seu ponto inicial. Acompanhando as elaborações sobre o tema, pude escutar que o maior tensionamento reside na discussão sobre a posição que ocupam os pais no tratamento da criança – embora este termo mereça uma abordagem mais incisiva.

Quando escutá-los, interpretá-los, como manejar a transferência dos pais se não são eles que estão em tratamento. Estas são questões que gravitam em torno da presença e do lugar dos pais no tratamento da criança. As proposições dos diferentes autores assentam-se no entendimento da "função" dos pais na vida e no sintoma da criança, na consideração ora só dos pais da realidade, ora da relação destes com a sua função na estrutura.

Não obstante, seja qual for o modo como se maneja a transferência dos pais, sua presença traz muitas interrogações: quem demanda? O laço de dependência da criança com seus pais permite que ela tenha uma fala que lhe seja própria?

Resvalar para uma consideração da criança como "vítima" dos pais, dos cuidadores ou da instituição, é um risco sempre presente na clínica, principalmente frente aos "casos graves" e, o que é pior, situações nas quais o clínico identifica-se com a criança nesta posição (de vítima), restando os dois, vitimados, atolados no sofrimento.

Muitas vezes, na impossibilidade de contar inicialmente com a mãe ou o pai, o cuidador passa a ser um agente importante sobre o qual deve incidir também nossas intervenções, seja para incluí-lo na perspectiva de dar sentido às palavras, às vezes soltas que a criança fala, seja para contar com ele nas anotações sobre a criança, seja porque é o único que se angustia com a situação da criança.

A presença dos pais e sua especificidade na psicanálise com crianças

Freud em seu texto de 1920, "A psicogênese de um caso de homossexualidade feminina", diz do desconforto de um analista quando o tratamento é "encomendado". A fala de Freud tem o efeito de um chiste. Para um analista que fosse empreender o tratamento da jovem a ele encaminhada haveria muitas razões para sentir-se desconfortável. Sabe-se que, para proceder a um tratamento psicanalítico, o importante é que alguém, que "seja seu próprio senhor", esteja vivendo um conflito que não se sente capaz de resolver sozinho e, assim, pede auxílio. Qualquer situação que dessa venha diferir, traz dificuldades além das que encontramos na direção de um tratamento. Freud nos diz que situações como a de um proprietário que ordena a um arquiteto construir-lhe uma casa de acordo com seus próprios gostos e exigências, ou de um doador piedoso que convoca um artista para pintar um quadro sacro e, no canto, colocar um retrato seu em adoração, tais são no fundo, incompatíveis, como é para o tratamento psicanalítico.

Ele conta que assim se passa quando um marido recorre ao analista com o pedido: "minha mulher sofre dos nervos e, por isso, se dá muito mal comigo; por favor, cure-a a fim de que nossa vida conjugal fique feliz". Fica provado, diz Freud, que um pedido desses é impossível de atender. O analista não pode expor o resultado para o qual o marido procurou o tratamento. Assim que a esposa se liberta de sua neurose, busca a separação, por que sua neurose era o que mantinha o casamento.

Outra situação ocorre quando os pais pedem a cura de seu filho nervoso e desobediente. Entendem por criança sadia aquela que nunca causa problemas aos pais e só lhes dá prazer. O analista pode conseguir a cura da criança, mas depois, ela faz o que quer com mais decisão e a insatisfação dos pais é ainda maior. Enfim, o que se espera de um analista não coincide com o que ele pode dar. Não é indiferente, acrescenta Freud, que alguém venha à análise por sua própria vontade ou seja levado a ela; quando ele próprio deseja mudar ou apenas seus parentes que o amam ("ou supõem que o amem").

Estas considerações de Freud são importantes não apenas para desmistificar a ideia de que o tratamento "encomendado" é privilégio da clínica de crianças, uma vez que as situações ligadas também à psicanálise com adolescentes e adultos são recorrentes. Vivemos circunstâncias semelhantes a esta que o próprio Freud viveu, mais amplamente, quando se trata do adolescente e, em alguns casos, até mesmo de adultos. Lembremo-nos de que o infantil é uma posição do sujeito.

Recebi uma jovem de 20 anos, com anorexia grave desencadeada aos 13 anos, e foi motivo de várias internações clínicas. Esta moça passava o dia medindo as partes do corpo com uma fita métrica para controlar o peso, junto com outros rituais de subir à balança e pesar cada fatia de alimento que iria ingerir, após interpelar a mãe, "que vive em função dela", com um: "eu posso?". Ela chega à clínica acompanhada de sua mãe e, quando a analista pergunta quem vai entrar, ela apressa-se em dizer: "só entro com ela". A mãe relata a história, com um leve sorriso no rosto, e diz: "ela é a menina de meus olhos".

Muitas sessões só puderam ser realizadas em presença da mãe, até que ela supostamente suportou deixar de acompanhá-la. Neste momento ela conta do "pânico" com as "curvas do corpo". Bailarina, aos 13 anos, dá-se conta de que estava engordando e que um rapaz de quem gostava havia feito um comentário sobre sua "gordura". Ela já não sai de casa, pois só vê propaganda de comida, só pensa em comer, "é uma compulsão", ela diz. Numa de suas sessões, traz um escrito sobre a anorexia na psicanálise, relatando sua própria história, como se fosse de outra, relacionando a anorexia à sexualidade. A partir daí, começa a ingerir outros alimentos além da "abóbora que tinha menor valor calórico", motivo pelo qual ela comia apenas isso há quase três meses.

A relação de "cola" com a mãe começa a ser interrogada por ela e algum progresso já se fazia sentir. Antes do horário marcado para uma de suas sessões, a mãe telefona dizendo que havia reencaminhado a filha ao antigo terapeuta, pois suas "crises" estavam se agravando.

Esta análise traz vários interrogantes. Um deles é como manejar a transferência, quando o sujeito se apresenta, literalmente, numa posição infantil, "levado" por outro que lhe dirige o destino.

Não obstante, quando se trata de crianças, não há outro meio de chegar à clínica, senão conduzida por outro. É justamente a presença concreta do outro, quase sempre os pais, que nos interpela.

Tentando responder às nossas questões, podemos encontrar nas obras de autores importantes conselhos técnicos e mesmo posições éticas distintas. Freud, Anna Freud, Melanie Klein, Winnicott, Françoise Dolto, Maud Mannoni, Rosine Lefort e muitos outros, interrogando a posição dos pais no tratamento, cada um a seu modo, nos dão indicações da inserção ou não dos pais na análise da criança e múltiplas maneiras de conduzir e tratar a questão.[59]

Sabemos que a transferência só sustenta a análise de uma criança se tiver alguma incidência também nos pais. O dizer dos pais, de cada um deles, é o pré-texto que traça as questões para a própria criança que nela encontra eco ou se aliena, ou dela toma certa distância para tecer sua própria palavra. Sabemos também que, muitas vezes, a queixa dos pais endereçada ao analista refere-se ao insucesso da criança para certo gozo social. Os pais se colocam a caminho da análise para a criança quando

---

[59] Ver: Faria (1998). Esta autora traz as diferentes elaborações destes e de outros autores sobre os pais na clínica com crianças.

ela põe a nu, no social, algo de sua própria verdade ou, ainda, quando as questões apresentadas pela criança são causa de angústia e os deixa frente a um vazio de saber.

Múltiplas indagações se depreendem daí: como manejar a transferência dos pais sem se emaranhar nela como se fosse aquilo que incomoda a criança? Como tratar a rede de transferência que se precipita na análise com criança sem ser capturado nela?

Na escuta de minha experiência clínica, tanto no consultório quanto em instituições, e na supervisão aos estagiários de Clínicas-Escola da Universidade e aos profissionais de serviços públicos de saúde mental, pude formalizar algumas questões acerca da psicanálise com crianças e, inclusive, sobre o lugar dos pais e, agora, também dos "cuidadores" – aqueles que, embora não sejam responsáveis legais, são aqueles que tomam para si os cuidados à criança[60] – e das razões para acolhê-los e escutá-los no contexto do tratamento da criança.

Não se trata nem de "colher dados", tampouco apenas de "retificar" os pais na sua "função", mas, muitas vezes, da escuta do "nada a dizer" sobre a criança e de uma aposta, para produzir o que não aconteceu, ligar a operação significante, segundo a estrutura clínica. Cabe ao analista encontrar e possibilitar a delimitação de um lugar de abertura à indefinida possibilidade do Outro, do laço, do desejo. Isso permitiria estabelecer os limites da eficácia do simbólico em cada momento e movimento da estrutura, interrogando a via que o sujeito abriu para lidar com os efeitos aterradores do real sem borda, qual o tratamento possível do real, e isso só se faz pelo oferecimento ao sujeito e aos pais e cuidadores, de uma escuta atenta.

As questões concernentes ao lugar dos pais ou cuidadores deixam entrever, mesmo que de modo indireto, as perguntas sobre por que incluí-los no tratamento da criança e por que tratar, até onde iria uma intervenção com os pais ou cuidadores. As respostas a essas questões pelos diferentes autores são muitas e, no esteio delas, construí as minhas próprias.

Considero importante acolher os pais ou cuidadores, por uma série de razões, como para obter de cada um do par parental ou cuidador um certo aval para intervir no sintoma da criança – dada às inúmeras experiências

---

[60] Cotidianamente nos chegam, tanto no consultório e, em maior número, na Clínica-Escola, muitas situações nas quais a criança é cuidada pela avó, tia ou tios, mesmo que não sejam legalmente responsáveis por ela. Ou, no caso das crianças institucionalizadas, aqueles que têm por ela um interesse particularizado. A estes vamos chamar aqui, utilizando o termo de alguns autores, de "cuidadores".

de interrupções de tratamento –, para implicá-los no sintoma e no tratamento da criança; para escutar o lugar que ela ocupa na estrutura familiar, a forma como se apresentou no desejo (ou no não-desejo) do pai e da mãe – a transmissão de uma subjetividade.

A partir das proposições de Lacan,[61] trata-se de acolher os pais ou cuidadores, não para proceder a uma anamnese – que se sustenta mais no saber que na escuta –, ou "colher dados" sobre a criança, mas tomando especialmente os significantes da determinação do sujeito na sua relação com o Outro, na relação com o desejo do Outro, uma vez que ele nos diz:

> O que determina a biografia infantil, sua mola, não está senão na maneira como se apresentou o desejo no pai e na mãe, e que em consequência disso, nos estimula a explorar não apenas a história, mas o modo de presença sob o qual cada um destes termos: saber, gozo e objeto "a", foi efetivamente oferecido ao sujeito (LACAN, 2008 [1969]).

Outra razão pela qual considero importante acolher na escuta os pais ou cuidadores é para que, desde o início, o analista possa diferenciar a criança como sintoma dos pais e o sintoma da criança, operando uma disjunção entre a queixa dos pais ou cuidadores e aquilo que verdadeiramente incomoda a criança.

É preciso que no decorrer do tratamento da criança, os pais, cuidadores e cada um possa se implicar no lugar que destinou ao filho no seu discurso, portanto, no desejo e, também, conseguir deles uma espécie de "franqueamento" para a intervenção no sintoma da criança, que muitas vezes custa o preço de sua própria verdade.[62]

A questão de cada um trazida pelo viés da queixa sobre a criança acaba por ser subjetivada, inclusive abrindo aos pais e cuidadores, a possibilidade de se perguntarem sobre seu desejo e sua verdade.

Resgatado o percurso sobre o lugar dos pais no tratamento psicanalítico da criança, podemos escutar, no movimento pulsante da clínica, o barulho de uma tensão nem sempre passível de ser resolvida, que traz a necessidade de uma volta a mais.

Faria (1998) faz um recenseamento rigoroso das diferentes versões de incidências psicanalíticas relativas à posição dos pais na clínica com crianças. Começo por seguir sua trilha.

---

[61] Ver: Lacan, *Seminário, Livro 16* (2008).
[62] Ver: Guimarães (1991, p. 501).

Ela nos lembra que a primeira psicanálise com criança, acompanhada por Freud, a do "pequeno Hans"– como é conhecida entre nós – foi conduzida por seu pai, e Freud dá ênfase a isso dizendo que só o pai, dada sua qualidade de possuidor da relação afetiva e do interesse científico, poderia ter persuadido aquela criança de 5 anos a oferecer aquele material. Combinando essas duas "qualidades", foi possível obter resultado.

Winnicott, como Freud, comporta-se assim na condução de alguns casos e ressalta:

> A criança precisava de minha ajuda pessoal, mas existem muitos casos nos quais as sessões de psicoterapia podem ser omitidas e toda a terapia pode ser feita pelo lar. A única perda que se verifica é o fato da criança não ter insight, o que não é de modo algum uma perda séria (WINNICOTT, 1978 [1953], p. 230).

Em "Um caso tratado em casa", de 1955, Winnicott relata um tratamento de "resultado feliz" que foi assumido pela mãe e por toda a família, na casa da criança, por cerca de um ano. "Minha orientação foi necessária", diz ele, pois durante meses tornou-se importante receber a mãe e a criança, uma vez por semana. Ele adverte que se tratou de um caso de psiquiatria, ajudado por um mínimo de atenção pessoal à criança através de "orientação".

Contudo, ele estabelece uma distinção entre "terapia", indicada nos casos de psicose e desvios de conduta, e a "análise-padrão", para os casos de "neurose". Nesta última, o procedimento é diferente e não é outorgada, aos pais, a condução do processo. De qualquer modo, é interessante observar que Winnicott propunha diferentes intervenções em relação aos pais, de acordo com as manifestações sintomáticas.

Anna Freud vai incluir os pais na análise de uma maneira diferente. Para ela:

> O método mais seguro e mais laborioso para avaliar a interação é a análise simultânea de pais e filhos. [...] Na análise infantil, não é no ego infantil, mas na razão e compreensão dos pais que o início, a continuidade e o fim do tratamento tem de confiar (ANNA FREUD, 1971, p. 48).

É somente com o tratamento da própria mãe (ou pai) que, acrescenta Anna Freud, se torna possível afrouxar o vínculo patológico para agir como medida terapêutica no filho.

Desse modo, a criança é representada como mero reflexo ou apêndice dos pais, e se a intervenção incidir sobre eles, a criança se livra de "seu vínculo patológico". Essa ideia de "dependência" acaba por levar Anna Freud a deixar fora, a forcluir o sujeito.

Melanie Klein, discordante de Anna Freud, não vai muito longe em relação ao "que fazer" com a transferência dos pais, que ela compreende trazer efeitos para o tratamento da criança. Para ela, os pais devem manter uma certa relação de confiança com o analista. Mas não são eles que serão analisados e, "só poderão ser influenciados pelos meios psicológicos comuns" que visem a facilitar o trabalho do analista.

> [...] Pressuponho que não devemos compartilhar com os pais o ódio e o amor da criança, mas devemos manejar tanto a transferência positiva quanto a negativa, de maneira tal que nos permita estabelecer a situação analítica e confiar nela (KLEIN, 1970[1923], p. 229).

Esses meios "psicológicos comuns" parecem deixar os pais fora da cena analítica da criança, reservando a eles alguma orientação.

Arminda Aberastury[63] comenta a entrevista com os pais, dizendo que eles tentam "fazer confidências" de suas próprias vidas e devem ser desviados para falarem só sobre a criança e a relação com ela. Ela chama essa maneira de conduzir-se em relação aos pais na clínica com crianças de "critério" que não deve ser abandonado. Os pais são, para o tratamento, no dizer de Aberastury, inconvenientes e suas interferências devem ser evitadas. A palavra dos pais só tem importância para ela se estão referidas à criança. Suas próprias questões não devem ser o alvo do analista.

Ao contrário, Maud Mannoni, não só dá importância ao discurso dos pais como um elemento importante na análise da criança, mas incentiva sua participação, pois o "conjunto do discurso" da criança e dos pais, serve ao analista para desvendar o enigma do sintoma da criança. Não se trata, para ela, de proceder à análise dos pais, mas de tomar o discurso destes no nível do tratamento da criança. A palavra da mãe e do pai, no universo fantasmático da criança, precisa ser interrogada pelo analista, bem como a forma como o discurso da mãe apresenta o pai.

Dolto, no prefácio ao livro *A primeira entrevista em psicanálise*, faz uma relação direta e imediata entre o sintoma da criança e "as relações dinâmicas inconscientes" pais-filhos, dizendo que:

> É a criança que suporta inconscientemente o peso das tensões e interferências da dinâmica emocional sexual inconsciente em

---
[63] Citado por Faria (1998, p. 28).

ação nos pais, cujo efeito de contaminação mórbida é tanto mais intenso quanto mais se guarda, ao seu redor, o silêncio e o segredo (Dolto, 1983, p. 13).

Desse modo, impõe-se ao analista, no entendimento de Dolto, a escuta aos pais, sobretudo no momento preliminar da análise da criança, diferentemente de Mannoni. Passado esse tempo preliminar, se os pais demonstram desejo de falar, são encaminhados a outro analista. Assim, ela reserva aos pais um lugar pontual no tratamento da criança.

Rosine e Robert Lefort, por compreenderem que a análise da criança não difere da de um adulto, acreditam que a análise da criança não pode estar na dependência do discurso dos pais.

Assim, diferentes propostas de dar tratamento à presença dos pais na análise com crianças vigoram entre nós.

Não obstante, seja qual for o modo como se maneja a transferência dos pais, a presença deles traz uma série de interrogações: Quem demanda? O laço de dependência da criança com seus pais permite que ela tenha uma fala que lhe é própria?

Uma criança de 3 anos e meio, numa de suas sessões, vai ao banheiro e se põe a gritar de lá: "meu cocô não sai, pelo tanto de porcaria que tenho comido. Minha barriga está cheia de bichos que saíram da minha boca por eu não escovar os dentes. Agora estou castigada". Frases como estas irrompiam pungentes, perturbadoras, revelando o embaraço da criança na palavra do Outro, neste caso, da mãe.

Sabemos, como foi dito, que a transferência só sustenta a análise de uma criança se tiver alguma incidência também sobre os pais. Sua fala é o pré-texto que traça as questões para a própria criança que nela se engaja ou se aliena, ou a ela se opõe, mantendo uma certa alienação, ou ainda que desta palavra toma certa distância para tecer sua própria palavra. Sabemos também que, muitas vezes, a queixa dos pais endereçada ao analista refere-se ao insucesso da criança para um certo gozo social.

A posição dos pais na clínica com crianças autistas e psicóticas

Nos apontamentos sobre a clínica com crianças autistas e psicóticas, referi-me a uma elaboração de Colette Soler, relativa à "psicanálise invertida", que é uma operação que vai do real em direção ao simbólico, na perspectiva de produzir o que não aconteceu. Noutros termos, trata-se de fazer o que não foi feito, ou seja, a subtração onde se engendra o sujeito (Soler, 1998 [1994], p. 3).

Bem, produzir o que não aconteceu, ligar a operação do significante, não se faz só com a mediação da palavra do analista. É preciso que os pais, e cada um, sejam retificados em sua função. É preciso que o pai, a mãe e a criança sejam considerados como elementos da estrutura. O analista, por sua presença lógica, faz arranque à palavra. É necessária uma escuta atenta ao lugar que a criança ocupa no fantasma e no desejo (ou no não-desejo) da mãe e do pai. O pai e a mãe[64] necessitam ser escutados não só como um sujeito, mas também em relação à função que exercem para a criança.

Retomo Lacan, nas "Notas sobre a criança", onde ele se refere à criança psicótica como aquela cujo sintoma apresenta-se como consequência da subjetividade da mãe, onde ela está implicada diretamente como correlato de um fantasma. É esse o ponto crucial por onde o analista há que conduzir seu trabalho junto à mãe da criança.

É preciso cautela para não construir intervenções que visem a retificações do comportamento, ao mesmo tempo – e isto vale também para as crianças neuróticas – tratar de não confundir a criança em tratamento com aquela que figura no discurso da mãe e do pai, como já foi dito. Trata-se de um caminho mais tortuoso quando estão em questão crianças autistas e psicóticas, dadas as estratégias do tratamento que o analista necessita construir, caso a caso.

No livro *Palavras em torno do berço*, organizado por Daniele Wanderley, podemos encontrar uma série de considerações sobre a intervenção precoce[65] na relação mãe-bebê, sobretudo no que tange aos primeiros sinais de autismo e psicose.

Laznik-Penot (1997) discute a prevenção do autismo, tomando dois sinais clínicos que poderiam ser identificados por uma escuta atenta daquele que toma a mãe e o bebê, sob seus cuidados. Um refere-se ao "não-olhar" entre a mãe e o filho, que permite pensar nos primeiros meses de vida, na hipótese de autismo. As dificuldades da relação especular com o outro tem aí seu ponto inicial.

---

[64] Os termos "sujeito" e "função" são utilizados por Michele Roman Faria (1998) no capítulo "O lugar dos pais na estrutura", em que ela diferencia os sintomas na e da criança, como uma montagem em que estão incluídos os pais.

[65] Esta é uma entre outras abordagens, sob aspectos diferentes. Citamos anteriormente o trabalho de psicanalistas com o laço mãe-bebê – *Intervenção a tempo* – como uma outra modalidade de trabalho. Aqui não se trata de prevenir nem de intervir precocemente, mas de intervir no tempo mesmo necessário de que algo novo possa se engendrar do lado do bebê ou criança pequena e do Outro.

O segundo sinal clínico é a "não instauração do circuito pulsional completo" que pode ser o indício do fracasso da instauração de uma estrutura. Ela separa a satisfação da pulsão da satisfação das necessidades, assinalando os três pontos do circuito pulsional: o oral, o autoerótico e o terceiro, o assujeitamento do sujeito ao Outro. O fracasso desse circuito, segundo Laznik-Penot, pode se restabelecer com a intervenção do analista.

Estas elaborações sustentam-se na discussão de que a questão do autismo está ligada às perturbações da relação mãe-bebê, a uma certa "privação emocional extrema", cuja responsabilidade é dos pais, como assegura Bettelheim, que propõe, inclusive, um afastamento da criança de seus pais, ou ainda, de uma certa "frieza dos pais", como postulou Kanner.

Ribeiro & Couto (1995) assinalam os equívocos que se pode promover quando o analista é colocado no lugar de Ideal cuja função é resgatar essa falha original na relação mãe-bebê. Apontam para a proposição de Pierre Bruno (1991), que diz que o que está em questão no autismo é uma falta no simbólico e não na relação mãe-bebê.

Essas autoras, atentas ao que é dito nesse "nada a dizer" das mães, propõem a escuta e o tratamento dessas questões na direção da clínica com essas crianças.

Trata-se de, permitindo a palavra, fazer onde não tem, fazer o que não aconteceu, abrir uma possibilidade de que o sujeito consinta num certo descolamento desse lugar de objeto, que sutura um tipo de falta onde o desejo da mãe se especifica.

Os pais na clínica com crianças neuróticas – uma relação de extimidade

Antes de me referir à posição dos pais na clínica com crianças, julguei oportuno resgatar algumas questões, tratadas anteriormente, sobretudo em relação à constituição do sujeito.

Lacan é claro ao indicar que a transmissão feita pelos pais à criança não se reduz à transmissão da vida, através das satisfações das necessidades, mas que pertence a uma constituição subjetiva, "implicando a relação com um desejo que não seja anônimo" (LACAN, 1986, p.13-14).

A constituição especular que se abre no canto do olhar do Outro e a constituição simbólica do pai reservam ao sujeito um lugar na estrutura. Tais elaborações nos conduzem a encruzilhadas no campo da clínica. Um analista não pode, inadvertidamente, considerar que a criança em análise é a mesma que prefigura na fala dos pais. Tampouco, pode deixar de distinguir os pais da realidade, suas funções e lugares na estrutura do sujeito e as determinações inconscientes que emanam no e do sintoma da criança na trama de sua relação com o Outro. Esse é sempre um lugar delicado de trânsito.

Tendlarz (1997) reporta-se a autores que se dedicam ao estudo de manifestações sintomáticas graves na criança, bem como à passagem ao ato, relacionado ao lugar da criança no desejo dos pais.

A autora persegue as considerações de diversos teóricos e recorre a Lacan, no Seminário 5, em que ele indica que a criança não desejada pode ter tendências suicidas, posto que se recusa a entrar na cadeia significante em que foi inscrita a despeito do desejo da mãe. Posteriormente, Lacan vai mais longe tratando da marca que a criança carrega, da não aceitação pelos pais:

> Incluindo uma criança não desejada, em nome de um não sei o quê que surge de seus primeiros balbucios, pode ser melhor acolhida mais tarde. Isto não impede que algo conserve a marca do fato de que o desejo não existia antes de certa data (LACAN, 1975 *apud* TENDLARZ, 1997, p. 42).

É esta marca do desejo do Outro na constituição subjetiva que Lacan ressalta e que, segundo a autora, pode culminar em diferentes manifestações: passagens a ato suicidas, doenças orgânicas, anorexias graves e várias outras. Estas são razões suficientes para que um analista interrogue-se sobre o manejo da posição dos pais na análise com uma criança.

Lacan, em 1969,[66] nos permite inferir alguns apontamentos sobre a escuta dos pais na análise com crianças. Não se trata para ele de proceder a uma anamnese, "colher dados" sobre a criança ou de se ater ao desencadeamento dos fatos, como disse anteriormente, mas verificar o lugar que a criança ocupa na estrutura familiar, a forma como se apresentou no desejo do pai e da mãe a transmissão de uma subjetividade.

Assim, aponta a importância da escuta dos pais tomando especialmente os significantes da determinação do sujeito na sua relação com o Outro, na relação com o desejo do Outro.

Não se trata de definir em que momento lógico da análise os pais devam ser convocados, se nas entrevistas preliminares ou no contexto da análise da criança, mas conduzi-los até sua implicação no sintoma e no tratamento da criança. O analista precisa obter de cada um do par

---

[66] Refiro-me a Lacan em "Nota sobre a criança".

parental um certo franqueamento para intervir no sintoma da criança. Pois o fato de conduzi-la à análise não significa, absolutamente, que estejam de acordo com o tratamento dela. A clínica testemunha inúmeras interrupções de tratamentos, quando o analista não consegue, por parte dos pais, as condições de sustentação da análise.

O dever ético do analista implica que ele possa, desde o início, diferenciar a criança como sintoma dos pais e o sintoma da criança, operar uma disjunção entre a queixa dos pais e aquilo que verdadeiramente incomoda a criança.

Recebo os pais de Lucas, de 10 anos, que desfilam uma série de queixas: indisciplinado, repetente, vai mal nos estudos, briga; briga com colegas da escola e com o irmão. A mãe faz sua interpretação do sintoma do filho: "Tudo é explicado pela relação dele com a avó, a quem foi 'entregue' desde muito pequeno, e de lá hoje não quer sair".

Numa uma outra sessão, a mãe diz: "eu me casei com Lucas [pai] e ele, filho único, foi tirado da mãe. Ela pensa que o roubei dela, por isso ela roubou o Lucas [filho] de mim".

"Olho por olho, dente por dente" – é o que o pequeno Lucas encena em suas frequentes brigas de que fala posteriormente.

O pai garante que sua mãe estivera muito só desde que se casou, e que foi preciso conseguir uma companhia para ela. Sua mãe tem, então, o filho do filho. Ao longo das entrevistas esse pai escuta que foi preciso oferecer à sua mãe o seu próprio filho, com o consentimento de sua mulher, para fazer uma mínima separação que não fora feita. Seu pai morrera quando era muito pequeno e ele "ficou só com a mãe". Ficou só, com a mãe... Casa-se e faz a trama. Dá-lhe realmente um filho que leva seu nome. Relata a série de brigas de sua mulher com a sua mãe e seu lugar de expectador, que aos poucos, cede lugar às intervenções.

O pequeno Lucas, carregando do pai o nome e o lugar, também briga. "Brigo e bato até tirar sangue. Não consigo parar". E por que briga? "Sou violento. Acho que é por causa de meu passado". Que lugar na janela de um fantasma restou-lhe ocupar?

Seus pais me disseram que você "vai mal na escola, repete o ano e é indisciplinado". E você, de que veio tratar aqui? "Do sonambulismo. Vi no fantástico que quem tem sonambulismo tem de tratar. Sou sonâmbulo, ando e falo coisas. Às vezes, grito. Não posso dormir na casa de colegas, para não dar trabalho. Minha avó cuida de mim e eu cuido dela". Existe uma troca aí! – ao que ele concorda.

Lucas tece sua demanda. O desejo, está mais além. "Minha avó me contou que da última vez gritei pelo meu pai". Há!, enquanto dorme, grita pelo pai... Façanhas motoras, sono-ambulo, que do latim, *ambulare*, quer dizer caminhar... Lucas faz seu caminho, mas ainda dorme no leito de gozo de seu romance familiar.

Na transferência, conta seus sonhos, seus pesadelos e seus devaneios: "fico viajando no meu cavalo. Sou preso ao cavalo. Preso não, gosto, tenho amor pelo cavalo. Sonho com ele". Esse amor prende...

Esse pequeno amante anda de seu leito de gozo, se levanta e faz apelo ao pai, ainda que a avó o reconduza ao sono. Mas, pelo sonambulismo, para não despertar.

Sabemos, com Lacan, que o real é para além do sonho que devemos procurá-lo, no que o sonho revestiu, envelopou, nos escondeu, por trás da falta de representação (LACAN, 1979, [1964], p. 61).

A mãe compreende a troca que consentiu em fazer, sua implicação. "A avó o compra". Quem o coloca à venda? "Para ter meu marido, dei meu filho" – diz numa de suas sessões, cujo corte aí incidiu. De forma ainda equívoca, faz sua leitura: "Dai a césar o que é de César, e a Deus o que é de Deus". Mas não se trata de "devolver" o marido e ter de volta o filho... É preciso ir mais além...

Lucas prossegue sua análise: "eu não tenho vontade fixa. Se me perguntam se gosto mais desta ou daquela, respondo: das duas. Sou um mutantezinho."

Mutantezinho, significante novo que também quer dizer da "pessoa que tem características marcadamente distintas das de seus ascendentes". Não dá para tirar o sangue, mas dá para fazer do nome próprio, o próprio nome... As brigas vão se tornando mais escassas entre a mãe e a avó, entre ele, os colegas e o irmão. Mutantezinho, dai a Lucas o que é de Lucas...

Em relação aos pais, é preciso que cada um deles se implique no lugar que destinou ao filho no seu discurso, portanto, no desejo. Não se trata de ir muito longe na análise das questões dos pais, mas de conseguir deles uma entrada, uma espécie de franqueamento para a intervenção no sintoma da criança, que muitas vezes, custa o preço de sua própria verdade.[67] A questão trazida pelo viés da queixa sobre a criança acaba por ser subjetivada, inclusive abrindo aos pais a possibilidade de se perguntarem-se sobre seu desejo e sua verdade.

---

[67] Ver: Guimarães (1991, p. 501).

Na tentativa, pois, de formalizar a posição dos pais no contexto da análise da criança, vou valer-me de um termo de Lacan - a extimidade. O analista, ancorado no seu desejo, deve levar os pais e cada um deles, a uma relação de extimidade, de íntima exterioridade, em relação ao tratamento do filho, para que fiquem fora e, no mesmo movimento, dentro da análise da criança, a partir do delicado manejo da transferência, que uma análise com criança impõe.

É inevitável que uma análise promova o desvelamento da causa obscura do desejo e, a despeito dos protestos de inocência que sua pouca idade poderiam inspirar, que o analisante venha a saber, deste modo, que é responsável pelos seus atos, acercando-se da falta no campo do Outro e de sua própria falta. Isso pela presença lógica do analista e de seu ato.

Demanda social e clínica

> *Há sintomas que devem ser descritos como sintomas "típicos" de uma doença; são quase os mesmos em todos os casos, as distinções individuais neles desaparecem, ou pelo menos diminuem, de tal forma, que é difícil pô-los em conexão com a experiência individual dos pacientes e relacioná-los a situações particulares que vivenciam.*
>
> (FREUD, "O sentido dos sintomas", 1976h[1916])

A demanda social e sua relação com a clínica merece uma atenção particularizada, pois nos coloca diante de uma interrogação incisiva sobre a ética. Comumente nos chega uma infinidade de demandas que se precipitam quando a criança interroga, de alguma maneira, o social, seja com as falhas, seja com o sintoma. A situação é ainda mais contundente quando se trata do serviço público de atenção à criança, no campo da saúde mental.

Colada ao termo "demanda social" surge a noção de assistência. Um dos personagens importantes dessa assistência é o profissional "psi", que vem na esteira dos educadores. A clínica entra aí, no campo da assistência, como um "peixe fora d'água", na medida em que sabemos que a ordem clínica distingue-se da ordem institucional. Elas se sustentam em éticas distintas, não harmônicas ou harmonizáveis. Por isso, manter a tensão entre elas torna-se imprescindível para nós. Não obstante, a demanda social atravessa os limites da clínica. E o que fazer? Clínicos e educadores, perguntam-se atônitos.

Os mensageiros dessa demanda, quando se trata de crianças, vão muito além do grupo familiar. São as escolas, associações, corporações técnicas, órgãos judiciais (conselhos tutelares, juizados da criança e do adolescente), enfim, uma infinidade de interlocutores, cujas demandas, muitas vezes, estão assentadas na noção de "desvio".[68] Desvio de comportamento, desvio da "norma".

---

[68] Ver: Akerman (1995, p. 31-34).

Historicamente, as crianças portadoras de sofrimento psíquico foram tratadas no campo da assistência, misturadas às crianças ditas "carentes", "abandonadas", "pervertidas e anormais", "excepcionais", "em situação de risco pessoal e social". Questões[69] de ordem moral, física, socioeconômicas, jurídicas, sociais e psíquicas eram problematizadas em conjunto.

As medidas de assistência sempre foram definidas a partir de critérios legais. Se a assistência "às crianças enjeitadas pelas famílias" no Brasil ficava a cargo da igreja, conventos, hospitais e irmandades, financiadas com recursos públicos, é com o "código de menores", de 1927, que é institucionalizada a obrigação do Estado de assegurar a assistência ao "menor".

Este termo, "menor",[70] até 1920, aparecia no vocabulário jurídico brasileiro sem contudo ter o significado que lhe foi atribuído após essa data. A partir daí até nossos dias, "menor" passa a significar a criança e o adolescente em situação de abandono e marginalidade, além da definição de sua condição civil e jurídica. Seu surgimento está ligado a uma nova atitude frente à criança. Até o século XIX, a palavra "menor" como sinônimo de criança, adolescente ou jovem, era utilizada para nomear os limites etários que impediam as pessoas de terem direito à emancipação paterna ou assumir responsabilidades civis ou canônicas. Assim, ela aparece nos documentos do Brasil colonial, quase sempre associada à idade (LONDOÑO, 1996, p. 129).

Antes, porém, além da não emancipação, já há uma referência à questão de que é "menor" também aquele que não é "filho de família." Após a Independência do Brasil, os termos "menor" e "menoridade", passam a ser usados pelos juristas na determinação da idade como um dos critérios que definiam a responsabilidade penal do indivíduo pelos seus atos. Os menores de 14 anos, atuando com discernimento, o código admitia que fossem recolhidos em casas de correção a critério do juiz, até os 17 anos. Eles podiam ser condenados e levados para as prisões comuns, uma vez que as casas de correção só vão surgir no final do século XIX.

---

[69] Oscar Cirino nos brinda com um belo trabalho sobre a história da assistência à criança, em seu texto "O descaminho daquele que conhece", publicado nos *Fascículos FHEMIG*, da Fundação Hospitalar do Estado de Minas Gerais, n°. 7 de 1992. Nos *Fascículos FHEMIG*, n°. 9 de 1993, encontra-se minha monografia conclusiva do curso de Saúde Mental da ESMIG, *Os meninos e a rua: uma interpelação à psicanálise*, onde, no capítulo IX, trabalho "Os impasses da assistência: repensando os modelos de atendimento", e vou refazendo a história da assistência social às crianças, em Minas Gerais.

[70] Ver: Londoño (1996, p. 129).

Nesse período, os juristas passam a considerar "menores" as crianças pobres da cidade que, por não estarem sob a responsabilidade dos pais ou tutores, são chamadas de "abandonadas". Povoando as ruas e praças, incorrem em delitos e frequentam a cadeia, passando a ser chamadas de "menores criminosos". Assim, o menor abandonado foi definido como um perigo para a futura sociedade e, ao mesmo tempo e paradoxalmente, foi crescendo a convicção de que estes eram "vítimas".

Londoño (1996) nos diz que assim foi se definindo a imagem do menor, que se caracterizava principalmente como criança pobre, totalmente desprotegida moral e materialmente pelos pais, tutores, pelo Estado e pela sociedade.

A assistência, definida pelo "código de menores", passa a ser dirigida àqueles que, inseridos na miséria de suas famílias, tornavam-se dependentes da ajuda pública. Presidido por uma tônica corretiva – "educar e disciplinar moral, física e civicamente os menores", vistos como "produto de pais irresponsáveis ou da orfandade" –, o código já dispunha da internação como solução para o problema do menor. Situando o problema na irresponsabilidade das famílias, diluía a questão fundamental geradora dos chamados "menores" – a desigualdade social.

Para o código, firmado numa perspectiva individualizante do problema do menor, a solução estava posta: internação em instituições educacionais onde teriam corrigidos os defeitos de sociabilidade adquiridos. Assim, o axioma da assistência era o controle social das crianças e adolescentes. As operações básicas da assistência poderiam ser assim resumidas: apreensão – triagem – rotulação – deportação – confinamento (COSTA, 1985).

Embora a política de assistência desejasse ir além da dimensão corretiva do código, as instituições completas confinavam e excluíam as crianças e jovens do convívio familiar e social. O enfoque assistencialista, que substituiu o correcional-repressivo, se estruturou a partir daquilo que a criança não tem, não é capaz, no que falta e deve ser suprimido. Um feixe de carências onde a intervenção acabou por se pretender biopsico-socio-cultural (COSTA, 1982).

Os significantes, encravados no corpo e na história dessas crianças, vão fazendo série: carente – abandonada – delinquente – infratora – menino de rua – em situação de risco pessoal e social.

Com a aprovação, pelo Congresso Nacional, do Estatuto da Criança e do Adolescente, sancionado pelo Presidente da República, tornando-se a Lei 8.069, de 13 de julho de 1990, acenou-se para nós a possibilidade de mudanças radicais no nível da política de assistência.

A criança na lógica antimanicomial

No que se refere ao campo da saúde mental[71] em Minas Gerais, um grande marasmo em torno da questão da criança e do adolescente, só foi atenuado recentemente. O regime de exclusão que se impôs para milhares de crianças e jovens, ao longo da história, nas mais diversas instituições, sejam públicas ou privadas, cercadas pelas montanhas de Minas, em nada se distingue da cultura manicomial ou do procedimento do "grande enclausuramento" de que nos fala Foucault, que atingiu os mendigos, prostitutas, os chamados "loucos de todo gênero", no final do século XVII, somada à exclusão, vigilância, punição e medicalização sustentada a partir de século XIX.

Cirino (1992) reconstrói a história da assistência à "loucura" no Estado de Minas Gerais. Curiosamente, a partir de seus relatos, podemos constatar que, se no âmbito da teoria há uma enorme especificidade da criança em relação ao adulto, dada a representação que se tem dela no que tange à prática da assistência psiquiátrica, os responsáveis não se preocuparam em demarcar distinções no "tratamento". Segundo o autor, no cenário mineiro, muito antes da fundação do primeiro hospital psiquiátrico infantil, datado de 1947, existia uma enfermaria para doentes mentais que funcionou na Santa Casa de Misericórdia em São João del-Rei, a partir de 1817, para doentes de 3 a 90 anos.

Em Minas Gerais, no ano de 1903, iniciam-se as atividades da Colônia de Barbacena no mesmo ano em que é regulamentada a "Lei de assistência a alienados". O regulamento reserva no Manicômio Judiciário de Barbacena um pavilhão para crianças, subdividido em duas partes, de acordo com o sexo, para "exame e assistência a menores delinquentes e anormais".

Em 1922, fundou-se o Instituto Neuropsiquiátrico de Belo Horizonte, hoje Instituto Raul Soares, que também reservava uma enfermaria para crianças. Em 1927, o governador de Minas assina um decreto criando o Hospital Colônia de Oliveira, para mulheres, que, em 1949, transforma-se em hospital para crianças crônicas (ou cronificadas). Antes dele, em 1947, foi criado o Hospital de Neuropsiquiatria Infantil

---

[71] Ver: Brito (1996).

(HNPI), em Belo Horizonte, o qual, segundo o discurso do diretor do Departamento Estadual de Saúde, deveria servir para "minorar os sofrimentos de centenas de crianças que hoje ainda estão em condenável promiscuidade nos hospitais de psicopatas adultos e nos hospitais gerais do Estado" (CIRINO, 1992, p. 69).

Em mensagem do governador Milton Campos, em março de 1949, iniciam-se as obras de adaptação do antigo Hospital Colônia de Oliveira para ser ali instalado o Hospital Colônia de Neuropsiquiatria Infantil, com capacidade de 450 leitos para crônicos. Segundo Cirino (1992), sua organização era, em linhas gerais, a mesma dos hospitais colônias para adultos. Os tratamentos baseavam-se em eletrochoques, além das tradicionais cordas e quartos fortes. Sua escola mantinha entre suas atividades a educação física e trabalhos manuais, além da presença flagrante de uma forte orientação religiosa que ficava a cargo das freiras responsáveis pela administração interna.

É importante estarmos atentos aos significantes que circulavam nesse período da História: "anormais", "pervertidos", "alienados", "crônicos". Foi a partir destes significantes que a assistência se construiu. A representação da criança e do adolescente, portadores de sofrimento psíquico, nascida da clínica, define o tipo de tratamento e de assistência a eles. Daí a importância de estarmos permanentemente interrogando o tipo de representação que habita os conceitos com que sustentamos nosso trabalho.

Com o advento da Fundação Hospitalar de Assistência Psiquiátrica (FEAP), em 1968, organizam-se os "comandos de avaliação" que prescrevem que os menores só poderiam ser internados em Oliveira se triados no HNPI de Belo Horizonte, como medida para reduzir a internação. Em 1964, acontece o desabamento da ala da enfermaria feminina, e as meninas são transferidas para o recém-inaugurado Hospital Galba Veloso, onde permanecem até 1968.

Em 1973, cria-se uma área anexa e de serviço complementar ao HNPI, uma Unidade Psicopedagógica com o objetivo de atender a crianças com problemas de aprendizagem. O HNPI recebe as crianças de Barbacena, personagens *dos porões da loucura*, denunciado por Hiram Firmino. "Prisão medieval, sem príncipe ou rei libertador que nunca desejaram em suas fantasias" (FIRMINO, 1992).

A Unidade Psicopedagógica acabou englobando o HNPI, trazendo a proposta de uma assistência mais humana e também mais educativa.

O HNPI é transformado no Centro Psicopedagógico (CPP), em 1979, e ainda hoje, com outras feições e projetos, é a única instituição pública de Minas destinada ao tratamento da saúde mental de crianças e adolescentes, com regime também de internação. Embora não tenha sido descentralizado, e tampouco municipalizado, mudou sua lógica de internação e caminha, ainda que devagar, na trilha da lógica antimanicomial.

A proposta antimanicomial[72] não se orienta pelas medidas reformistas ou pela perspectiva de "humanização" desses enclausuramentos, mas pela desconstrução não só dos muros de cimento, mas de uma cultura e do arcabouço conceitual que sustentou até hoje a política de exclusão.

A lógica antimanicomial, desencadeada a partir da Reforma Psiquiátrica Brasileira e sustentada pelo Movimento Nacional da Luta Antimanicomial, começa a ter seus efeitos no nosso município. A partir da década de 1990, iniciou-se uma discussão sobre as políticas públicas de assistência, que foi delineada no governo da "Frente Popular". Uma série de seminários promovidos pelos profissionais de saúde mental foram construindo as diretrizes políticas de atenção à criança e ao adolescente no campo da saúde mental.

Em 1993, criaram-se os Fóruns Regionais de Atenção à Saúde Mental da Criança e do Adolescente, que têm como função o reordenamento das ações, promovendo discussões no âmbito da saúde coletiva, educação e desenvolvimento social e dando tratamento às demandas, produzindo os indicativos de procedimentos, tanto na dimensão clínica quanto nos outros aspectos da política de assistência. A rede pública que, de um modo geral, recebia crianças com "problemas de aprendizagem", começa a se ocupar dos casos graves de neurose, psicose e autismo, que se tornaram a clientela prioritária.

No II Encontro Nacional do Movimento da Luta Antimanicomial, realizado em Belo Horizonte, em 1995, redigiu-se a "Carta de Belo Horizonte", que convocou vários segmentos sociais a participarem desta luta. Os princípios definidos na carta, que delineiam a política de assistência à criança e ao adolescente, podem ser assim sintetizados:

1- Desconstrução gradativa do aparato custodial, de segregação e confinamento de crianças e adolescentes e a criação de ações e serviços substitutivos a ele;

---

[72] Ver: Lobosque (1997).

2- Luta pela criação de uma Política Nacional de Saúde Mental no campo da infância e da adolescência e de suas interfaces (educação, desenvolvimento social, cultura e lazer).

No III Encontro do Movimento da Luta Antimanicomial, realizado em Porto Alegre,[73] em 1997, a oficina temática sobre a atenção à criança e ao adolescente retoma os princípios contidos na "Carta de Belo Horizonte" e analisa os avanços políticos e impasses nesta área, propondo novas estratégias de encaminhamento.

Em Betim, foi criado o Centro de Referência em Saúde Mental da Infância (CERSAMI), pensado a partir desta nova lógica. Trata-se do atendimento de urgências psiquiátricas e do tratamento de casos graves de neurose, psicose e autismo, sempre na perspectiva da não exclusão e da garantia dos direitos de cidadania.

Assim, foi se delineando um novo cenário no quadro da assistência à criança e ao adolescente, no campo da saúde mental, contrário ao antigo modelo sequestrador da cidadania, que vigora hoje.

A ideia de "doença mental" cai e faz-se a passagem para uma política de "saúde mental". Há uma passagem dos termos: "anormais", "pervertidos" à expressão "portadores de sofrimento psíquico". Destituída a perspectiva reformista, nasce uma proposta transformadora: a cidadania; de uma clínica que sustentava a exclusão, uma travessia aos princípios da "não exclusão".

A não exclusão não é o mesmo que inclusão. O que se pretende não é tomar os "diferentes" e transvesti-los de "iguais" para incluí-los, mas manter a diferença, sem que se dê um tratamento desigual, pois diferença não é o mesmo que desigualdade.

A demanda escolar – quando avaliar?

A questão da demanda escolar é paradigmática dessa demanda social que nos chega, cotidianamente, à clínica. Por isso, vou considerá-la especialmente.

Nem sempre é fácil para um analista decidir-se em que situação acolher ou não uma demanda de tratamento, quando ela vem declaradamente relacionada aos chamados "problemas de aprendizagem" ou de comportamento na escola: "ser voado", "desatento", "agressivo",

---

[73] Ver: *Recurso*, Publicação dos Fóruns Regionais de Atenção à Saúde Mental da Criança e Adolescente, da Secretaria Municipal de Saúde de Belo Horizonte, n. 2, 1998.

"indisciplinado", "lento"... e uma infinidade de outros significantes que fazem série. Sobretudo, porque "não estar indo bem" na escola é uma questão que de fato deve interrogar a todos: a criança, aos pais, à escola, aos psicanalistas.

Essas queixas chegam torrencialmente aos consultórios e, na minha experiência, também às clínicas de Faculdades de Psicologia – clínicas-escola –, com a qual tive contato através do trabalho de supervisão. Um impasse se coloca: deixar resvalar para a clínica questões pertinentes ao campo da pedagogia não significa mais que uma "psicologização" em massa da criança, compactuando com um discurso antigo que situa o problema na criança e não no lugar onde ele está situado. Por outro lado, adotar a política do "não" implica deixar escapar questões clínicas que, muitas vezes, vêm embrulhadas na tal "demanda escolar".

O dever ético do analista é o da escuta atenta ao que está em questão no tipo de demanda que lhe chega. Interrogar se a criança está incomodada com a aquilo que se queixa dela é um primeiro passo para avalizar ou não uma psicanálise. Acolher a criança na clínica quando ela não tem qualquer implicação com as questões que o Outro traz sobre ela é mantê-la no lugar de objeto e não de sujeito.

Uma escuta pontual às questões que são trazidas como um pedido de tratamento possibilita buscar o sujeito, na encruzilhada onde ele se encontra, sobretudo quando se trata da criança, que está diretamente confrontada com o desejo do Outro e o ideal social.

A escola torna-se o lugar onde a criança faz (ou não faz) seus primeiros laços sociais fora da família, ainda quando a escola tenta substituí-la, ou tornar-se mais próxima dela. Haja visto que se denomina "tia" a professora. Podemos até brincar um pouco com este significante: es-cola, ex-cola... Fora da cola, é o primeiro "teste" de separação concreta que a criança e a mãe têm de suportar. Há mães que levam a criança à escola e não conseguem se afastar de lá. Suas fantasias se precipitam e elas demandam das professoras permanecerem mais tempo "olhando" como a criança vai "reagir". Outras vezes é a criança que, quando a mãe se afasta, chora tanto que a professora acaba por pedir a mãe que a leve de volta. É quando a criança não tem recursos para separar. Esta é a primeira questão que se coloca... Depois seguem-se as relativas à "adaptação"... Sabemos que este termo tem seu nascedouro na psicologia "experimental" – maior fiadora da educação – que não considera o sujeito. Em seguida, irrompem as questões concernentes à relação do sujeito ao saber...

Vou retornar ao texto de Freud, indicando algumas de suas postulações sobre a relação ao saber, para posteriormente retomar a discussão sobre a demanda escolar.

Freud, a criança e a relação ao saber

A relação ao saber ocupou Freud, em muitos momentos de seu percurso. O saber, ele articula, relacionando-o à verdade. Saber e verdade[74] estão disjuntos. Essa disjunção entre saber e verdade faz com que Freud conclua que o saber não opera mudanças no sujeito. O saber não é causa imediata de mudança subjetiva: "Aumentamos seu saber, mas, por outro lado, nada modificamos nele"- diz Freud em "Análise terminável e interminável", em 1937. Essa frase é essencial para nos ajudar a pensar na impotência do saber. Na quarta parte desse mesmo trabalho, Freud lembra que as crianças reagem contrariamente ao saber que lhes é oferecido.

> Quando fornecemos às crianças esclarecimentos sexuais (estou longe de sustentar que isso é prejudicial ou desnecessário) após tais esclarecimentos, as crianças sabem algo que não conheciam antes, mas não fazem uso do novo conhecimento que lhes foi oferecido (FREUD, 1976i[1907], p. 266).

Um saber oferecido para nada serve, e isso Lacan comenta a seu próprio modo, ao afirmar que o saber que importa é o saber custoso, aquele pelo qual damos o sangue de nossas veias.

Freud dedica-se inicialmente a entender a origem do pensamento. Em sua pesquisa, toma o conjunto de concepções e reflexões das próprias crianças, concluindo que do vazio que as incita e incomoda, as crianças elaboram teorias. Ao mesmo tempo, ele confronta-se com o fato de que as crianças, embora sejam trabalhadas pela "pulsão de saber", tecem suas teorias que viriam como resultado de uma renúncia ao saber, uma certa paixão pela ignorância, justamente ali onde a verdade faz seu rastro.

Frente à diferença, abre-se para o sujeito o destino do não querer saber. O saber tem íntima relação com o desejo, com a revelação da causa do desejo. O que implica que, no domínio do desejo, algo escapa ao sujeito. Algo que remete àquilo que no desejo de saber pode surgir como proibição de saber. O sujeito só pode se reconhecer como "desejante saber", transgredindo, quer dizer, dedicando-se à busca de

---

[74] Ver: Ferreira (1997, capítulo 3).

um não sabido através dos desfiladeiros da castração. Dessa forma, saber e não-saber, formando uma unidade ambígua e contraditória, dão à aprendizagem um caráter problemático, cujas questões decorrentes são comumente tratadas no registro do patológico.

Em seu texto de 1910, "Leonardo da Vinci e uma lembrança da infância", Freud descreve as três consequências possíveis do fracasso das primeiras investigações. A primeira consiste em uma inibição neurótica do pensamento, uma certa "debilidade adquirida". A segunda leva a uma erotização das operações intelectuais que, ganhando um tom obsessivo, são fadadas à repetição e jamais concluídas. A terceira é a saída mais feliz, pois parte da pulsão é sublimada e a curiosidade intelectual escapa ao recalque.

> Devido a uma disposição especial, o terceiro tipo, que é o mais raro e mais perfeito, escapa tanto à inibição do pensamento, quanto ao pensamento neurótico compulsivo (FREUD, 1970 [1910], p. 73-74).

Outra referência importante de Freud, acerca da questão da educação, encontra-se no seu texto de 1923, "O eu e o isso", citado anteriormente. Ali Freud dedica-se a pensar o naufrágio do Édipo e faz uma pontuação curiosa: a educação escolar e a leitura (juntamente com o ensino religioso e a autoridade dos pais) são responsáveis por levarem o complexo de Édipo, mais ou menos rapidamente, a sucumbir ao recalque. Isso quer dizer que a educação escolar e a leitura têm uma função fundamental na estrutura. Elas estão presas ao Nome-do-Pai.

Essas considerações ganham muito valor, pois são indicativas de que a relação do sujeito ao saber é, estruturalmente, problemática e que nem tudo que advém dessa relação deve ser inscrito no registro do patológico, como fazem alguns desavisados, recorrendo ao campo "psi" quando algo do sujeito se precipita.

Bem, as questões que se colocam como queixas que se transformam em demanda, muitas vezes, não tocam à criança, mas aos seus pais e professores. A criança não sofre com aquilo de que se queixam dela. Porém, há casos em que a pedagogia não pode ler os traços com que o sujeito escreve seu texto – o sintoma. Questões aparentemente simples, que colam na criança um significante – "lento", "esquecido", "desatento" – mas que são recursos do sujeito frente ao impossível de suportar. Muitas vezes são deslocamentos de uma cena.

A criança que não sabia "contar" nem "interpretar", cujo fragmento clínico relatei anteriormente, é um dos exemplos disso. Ele não sabia "má-temática": a morte do parente. Está em jogo aí a relação do sujeito ao saber.

Uma outra criança vem com a queixa de que "não podia copiar o quadro", por isso, era considerada lenta. Sua mãe relata que seu irmão, vítima de uma lesão cerebral, cujo "quadro" é irreversível, não anda, não fala, é como um "vegetal" e lhe ocupa "todo o tempo". A criança certamente lê que é a esse irmão que se endereça o desejo da mãe, na medida em que a mobiliza inteiramente. Como "copiar o quadro" para se inscrever no desejo da mãe? Não copiar o quadro é, justamente, mesmo que pela via da inibição, manter o mínimo de liberdade subjetiva, uma vez que copiá-lo significaria perder-se como sujeito. Esta é uma questão que não se resolve pedagogicamente.

De um outro menino, dizia-se que era "muito esquecido". Na hora das provas "dava um branco", e ele não se lembrava do que sabia, o que já o havia levado a uma "bomba", à repetição da série. Ao escutá-lo e à sua mãe, o sentido do sintoma vai se inscrevendo. A mãe passava horas do seu dia com o outro filho, com Síndrome de Down, levando-o a uma série de tratamentos: psicoterápico, fonoaudiológico, etc., e este menino ficava esquecido. Passava horas sozinho em casa e ela dizia: ele só chora. Ele só, chora. Este menino esquecido traz a verdade de seu sintoma.

Ou, ainda, o menino "levado" que a professora não suporta mais. Ele é levado à casa do pai nos fins de semana em que a mãe quer ficar sozinha, ou à casa da avó quando a mãe vai para o trabalho, ou ao neurologista para saber se tem "disritmia", e agora ao analista. Sempre no ritmo do Outro, sendo levado às vezes sem querer, como ele mesmo declara, o sujeito faz passar, com toda a contundência, sempre de novo, o significante.

Uma senhora vem se queixar de inúmeras dificuldades com seu filho, com quem ela "não tem mais paciência", não sabe o que fazer, pois "ele está impossível", "ela vive só para ele", vive só, para ele, "dá tudo" que ele quer. Contudo, é uma "criança tirânica", como é a criança que não pode desejar, pois tudo é lido como demanda. O problema maior é na hora do "para casa". Todos se mobilizam: a mãe, o pai, a babá... Para a casa toda, todos ficam parados em torno dele... dando lugar ao pequeno tirânico que tenta, em vão, fazer valer seu desejo...

São questões que nos chegam e que, de certa forma, interpelam a criança na medida em que ela sofre. Para essas cenas deslocadas, não há remédio pedagógico. É preciso fazer surgir o sujeito com seu desejo retificado, possibilitando-lhe a palavra e sua implicação. Só nesses casos, em que as dificuldades da criança a interpelam de alguma maneira, torna-se possível avalizar uma demanda escolar. Do contrário, estaríamos nos distanciando da ética da psicanálise – distinta da ética das instituições assistenciais que se orientam muito mais no campo dos valores morais e dos ideais sociais, com a arte de dirigir a conduta.[75] A ética que sustém a psicanálise é a ética que toca o real do sujeito e concerne ao desejo.

---

[75] A propósito deste tema, ver: Assad (1997).

Bibliografia

AJURIAGUERRA; MARCELLI. *Manual de psicopatologia infantil*. Porto Alegre: Artes Médicas Editora. São Paulo: Masson, 1991.

AKERMAN, Jacques. De objeto a sujeito: a criança entre o desvio e a diferença, Revista de Psiquiatria e psicanálise com crianças e adolescentes. *Fascículos FHEMIG*, Belo Horizonte, jan./jun. 1995.

AMORIM, Marilia. Freud e a escrita de pesquisa: uma leitura bakhtiniana. *Eutomia: revista de Literatura e Linguística*, v. 1, n. 2, p. 1-19, dez. 2009. Disponível em: <http://www.repositorios.ufpe.br/revistas/index.php/EUTOMIA/article/view/1787/1359>. Acesso em: 10 out. 2016.

ANTUNES, Maria Tavares. Intervenção a tempo com bebês e seus cuidadores: uma nova proposta. In: FERREIRA, Tânia (Org.). *A criança e a saúde mental: enlaces entre a clínica e a política*. Belo Horizonte: Autêntica/Fumec, 2004. p. 73-92.

ARENDT, Hannah. A crise na educação. In: _____. *Entre o passado e o futuro*. São Paulo: Perspectiva, 2000.

ARIÈS, Philippe. *História social da criança e da família*. Rio de Janeiro: Guanabara, 1986.

ARROYO, Miguel. A infância interroga a pedagogia. In: SARMENTO, M.; GOUVEA M. C. (Orgs.). Estudos da Infância: educação e práticas sociais. Petrópolis: Vozes, 2008.

ASSAD, Samyra. *Por uma ética da Educação à luz da Psicanálise*. Belo Horizonte, inédito.

BALBO, Gabriel. Do ouvido ao olho, e num estalar de dedos: acerca do desenho e de sua leitura prévia para interpretá-lo. TEIXEIRA, Angela B. (Org.). *O mundo a gente traça: considerações psicanalíticas acerca do desenho infantil*. Salvador: Ágalma, 1996. Coleção psicanálise da criança.

BARTHES, Roland. *Sade, Fourier, Loyola*. Lisboa: Edições 70, 1971.

BARTHES, Roland. *Roland Barthes por Roland Barthes*. Lisboa: Edições 70, 1977.

BARTHES, Roland. *O grão da voz*. Lisboa: Edições 70, 1981.

BARTHES, Roland. *O rumor da língua*. Lisboa: Edições 70, 1984.

BARTHES, Roland. *O grau zero da escritura*. Lisboa: Edições 70, 1989.

BERNARDINO, Leda Mariza F. (Org.). *Neurose infantil versus neurose da criança*. Salvador: Ágalma, 1997. Coleção psicanálise da criança.

BERBARDINO, Leda Mariza F. (Org.). *Psicanalisar crianças: que desejo é esse?* Salvador: Ágalma 2004.

BRITO, Maria Mercedes Merry; FERREIRA, Tânia. Autismo e psicose na infância: um fato de estrutura. *Recurso* n. 2: Publicação da Secretaria Municipal de Saúde de Belo Horizonte, MG, 1998.

BRITO, Maria Mercedes Merry. Clínica com crianças: limites da instituição. *Revista de Psiquiatria e Psicanálise com crianças e adolescentes*. Residência em Psiquiatria da Infância e Adolescência, CPP, FHEMIG, v. 1, n. 4, jan./dez. 1996.

BRITO, Maria Mercedes Merry. *A linguagem das bonecas*. Belo Horizonte, inédito.

BRITO, Sandra Regina. *Acting out* e passagem ato na clínica de crianças. *De um curso a um discurso, XIV Jornada de Trabalhos dos alunos do Curso de Formação de Psicólogos*. Belo Horizonte: Unicentro Newton Paiva, 1998.

BRUNO, Pierre. *Satisfação e gozo*. Tradução de Cristina Vidigal e Luiz Henrique Vidigal. Belo Horizonte: TAHC. 1991.

CARVALHO, Jeanne D'Arc. Pode se ensinar o desejo? *Revista da Letra Freudiana: A criança e o saber,* Rio de Janeiro, n. 23, p. 73-77, 1999.

CARVALHO, Kátia Álvares *et al*. Da história sobre a criança e a loucura a um espaço de possibilidades. *Revista Integração*, v. 7, n. 16. Brasília: Publicação da Secretaria de Educação Especial, 1996.

CHEMAMA, Roland. O ato de desenhar. In: TEIXEIRA, Angela B. (Org.). O mundo a gente traça: considerações psicanalíticas acerca do desenho infantil. Salvador: Ágalma, 1996. Coleção Psicanálise da criança.

CIRINO, Oscar. O descaminho daquele que conhece: da psiquiatria infantil à clínica da criança. *Fascículos FHEMIG*, Belo Horizonte, n. 7, 1992.

CIRINO, Oscar. Cronologia ou lógica, desenvolvimento ou estrutura. *Revista de psiquiatria e psicanálise com crianças e adolescentes*. Belo Horizonte: FHEMIG, 1995.

CIRINO, Oscar. *Psicanálise e Psiquiatria com crianças*. Belo Horizonte: Autêntica, 2001.

COSTA, Antônio Carlos Gomes. Documentos oficiais da Fundação Estadual do Bem-Estar do Menor (FEBEM), 1982/1985.

CUNHA, Antônio Geraldo. *Dicionário etimológico Nova Fronteira da Língua Portuguesa*. Rio de Janeiro: Nova Fronteira, 1986.

DEL PRIORI, Mary. *História das crianças no Brasil*. 5. ed. São Paulo: Contexto, 2006.

DIHARCE, Maria; CANÓNICO, Eduardo. *Estructura y estructuras clínicas, psicoanálisis con niños*. Centro pequeno Hans. Buenos Aires: Atuel, 1995.

DITISHEIM, Alain. Do olhar, da voz e do Aleph. In: TEIXEIRA, Angela B. (Org.). *O mundo a gente traça: considerações psicanalíticas acerca do desenho infantil*. Salvador: Ágalma, 1996. Coleção Psicanálise da Criança.

DOLTO, Françoise. Prefácio à primeira entrevista em psicanálise. In: MANNONI, Maud. *A primeira entrevista em psicanálise*. 3. ed. Rio de Janeiro: Campus, 1983.

DOLTO, Françoise. *Seminário de psicanálise de crianças* 1. Rio de Janeiro: Guanabara, 1990.

DOLTO, Françoise; NASIO, Juan David. *A criança do espelho*. Porto Alegre: Artes Médicas, 1991.

FARIA, Michele Roman. *Introdução à psicanálise de crianças, o lugar dos pais*. São Paulo: CEPUC, Hacker, 1998.

FERREIRA, Aurélio Buarque de Holanda. *Dicionário Aurélio da Língua Portuguesa*. Rio de Janeiro: Nova Fronteira, 1986.

FERREIRA, Tânia. Os Meninos e a rua: uma interpelação à psicanálise. *Fascículos FHEMIG*, Belo Horizonte, n. 9, 1993.

FERREIRA, Tânia. *Freud e o ato do ensino*. 1997. 152f. Dissertação (Mestrado em Educação) – Faculdade de Educação, Universidade Federal de Minas Gerais, Belo Horizonte, 1997.

FERREIRA, Tânia. *Os meninos e a rua: uma interpelação à psicanálise*. Belo Horizonte: Autêntica/Fumec, 2002.

FERREIRA, Tânia (Org.). *A criança e a saúde mental: enlaces entre a clínica e a política*. Belo Horizonte: Autêntica/Fumec, 2004a.

FERREIRA, Tânia. Adoção: mitos, dilemas, equivocações. In: FERREIRA, Tânia (Org.). *A criança e a saúde mental: enlaces entre a clínica e a política*. Belo Horizonte: Autêntica/Fumec, 2004b.

FERREIRA, Tânia. *A criança e o trabalho infantil: nos bastidores da favela, da TV, do cinema e das passarelas: um estudo de psicanálise e educação*. 2011. 239f. Tese (Doutorado em Educação) – Faculdade de Educação, Universidade Federal de Minas Gerais, Belo Horizonte, 2011.

FIRMINO, Hiram. *Nos porões da loucura*. Rio de Janeiro: Codecri, 1992.

FREYRE, Gilberto. *Casa-grande & senzala*. Rio de Janeiro: Record, 1997.

FREUD, Anna. *Infância normal e patológica*. Rio de Janeiro: Zahar, 1976.

FREUD, Sigmund. Psicopatologia da vida cotidiana. *Edição Standard Brasileira das Obras Psicológicas Completas de Sigmund Freud*, v. VI. Rio de Janeiro: Imago, 1969a.

FREUD, Sigmund. Disposição à neurose obsessiva. *Edição Standard Brasileira das Obras Psicológicas Completas de Sigmund Freud*, v. XII. Rio de Janeiro: Imago, 1969b.

FREUD, Sigmund. Contribuições para uma discussão acerca do suicídio. *Edição Standard Brasileira das Obras Psicológicas Completas de Sigmund Freud*. v. XI, Rio de Janeiro: Imago, 1969c.

FREUD, Sigmund. Explicações, aplicações e orientações. *Edição Standard Brasileira das Obras Psicológicas Completas de Sigmund Freud*, v. XXII. Rio de Janeiro: Imago, 1969d.

FREUD, Sigmund. Cinco lições de psicanálise. *Edição Standard Brasileira das Obras Psicológicas Completas de Sigmund Freud*, v. XI. Rio de Janeiro: Imago, 1970a.

FREUD, Sigmund. Leonardo da Vinci e uma lembrança da infância. *Edição Standard Brasileira das Obras Psicológicas Completas de Sigmund Freud*, v. XI, Rio de Janeiro: Imago, 1970b.

FREUD, Sigmund. Três ensaios para uma teoria da sexualidade. *Edição Standard Brasileira das Obras Psicológicas Completas de Sigmund Freud*, v. VII. Rio de Janeiro: Imago, 1972a.

FREUD, Sigmund. Totem e tabu. *Edição Standard Brasileira das Obras Psicológicas Completas de Sigmund Freud*, v. XIII. Rio de Janeiro: Imago, 1974.

FREUD, S. A divisão do eu no processo de defesa. *Edição Standard Brasileira das Obras Psicológicas Completas de Sigmund Freud*, v. XXIII. Rio de Janeiro: Imago, 1975.

FREUD, Sigmund. Rascunho. *Edição Standard Brasileira das Obras Psicológicas Completas de Sigmund Freud*, v. I. Rio de Janeiro: Imago, 1976a.

FREUD, Sigmund. A interpretação dos sonhos. *Edição Standard Brasileira das Obras Psicológicas Completas de Sigmund Freud*, v. IV. Rio de Janeiro: Imago, 1976b.

FREUD, Sigmund. Romances familiares. *Edição Standard Brasileira das Obras Psicológicas Completas de Sigmund Freud*, v. IX. Rio de Janeiro: Imago, 1976c.

FREUD, Sigmund. O poeta e o fantasiar. *Edição Standard Brasileira das Obras Psicológicas Completas de Sigmund Freud*, v. IX, Rio de Janeiro: Imago, 1976d.

FREUD, Sigmund. Duas histórias clínicas (o "Pequeno Hans" e o "Homem dos Ratos). *Edição Standard Brasileira das Obras Psicológicas Completas de Sigmund Freud*, v. X. Rio de Janeiro: Imago, 1976e.

FREUD, Sigmund. Sobre o narcisismo: uma introdução. *Edição Standard Brasileira das Obras Psicológicas Completas de Sigmund Freud*, v. XIV. Rio de Janeiro: Imago, 1976f.

FREUD, Sigmund. Conferências introdutórias sobre psicanálise. *Edição Standard Brasileira das Obras Psicológicas Completas de Sigmund Freud*, v. XV e XVI. Rio de Janeiro: Imago, 1976g.

FREUD, Sigmund. O sentido dos sintomas. *Edição Standard Brasileira das Obras Psicológicas Completas de Sigmund Freud*, Conferência XVII, v. XVI. Rio de Janeiro: Imago, 1976h.

FREUD, Sigmund. Escritores criativos e devaneios. *Edição Standard Brasileira das Obras Psicológicas Completas de Sigmund Freud*, Conferência XVII, v. XVI. Rio de Janeiro: Imago, 1976i.

FREUD, Sigmund. Os chistes e sua relação com o inconsciente. *Edição Standard Brasileira das Obras Psicológicas Completas de Sigmund Freud*, Conferência XVII, v. XVI, Rio de Janeiro: Imago, 1976j.

FREUD, Sigmund. Bate-se numa criança. *Edição Standard Brasileira das Obras Psicológicas Completas de Sigmund Freud*, v. XVII. Rio de Janeiro: Imago, 1976k.

FREUD, Sigmund. Além do princípio do prazer. *Edição Standard Brasileira das Obras Psicológicas Completas de Sigmund Freud*, v. XVIII. Rio de Janeiro: Imago, 1976l.

FREUD, Sigmund. Associação livre numa criança de quatro anos. *Edição Standard Brasileira das Obras Psicológicas Completas de Sigmund Freud*, v. XVIII. Rio de Janeiro: Imago, 1976m.

FREUD, Sigmund. O eu e o isso. *Edição Standard Brasileira das Obras Psicológicas Completas de Sigmund Freud*, v. XIX. Rio de Janeiro: Imago, 1976n.

FREUD, Sigmund. O naufrágio do complexo de édipo. *Edição Standard Brasileira das Obras Psicológicas Completas de Sigmund Freud*, v. XIX. Rio de Janeiro: Imago 1976o.

FREUD, Sigmund. *Edição Standard Brasileira das Obras Psicológicas Completas de Sigmund Freud*, v. XVI. Rio de Janeiro: Imago, 1976p.

FREUD, Sigmund. Sobre as teorias sexuais das crianças. *Edição Standard Brasileira das Obras Psicológicas Completas de Sigmund Freud*, v. XIX. Rio de Janeiro: Imago, 1976p.

FREUD, Sigmund. Inibições, sintomas e angústia. *Edição Standard Brasileira das Obras Psicológicas Completas de Sigmund Freud*, v. XX. Rio de Janeiro: Imago, 1976q.

FREUD, Sigmund. Novas conferências introdutórias sobre psicanálise. *Edição Standard Brasileira das Obras Psicológicas Completas de Sigmund Freud*, v. XXII. Rio de Janeiro: Imago, 1976r.

FREUD, Sigmund. Análise terminável e interminável. *Edição Standard Brasileira das Obras Psicológicas Completas de Sigmund Freud*, v. XXII, Rio de Janeiro: 1976s.

FREUD, Sigmund. A psicogênese de um caso de homossexualidade feminina. *Edição Standard Brasileira das Obras Psicológicas Completas de Sigmund Freud*, v. XVIII, Rio de janeiro: Imago, 1976t.

FREUD, Sigmund. Conferência XXV: a ansiedade, 1917. In: _____. Novas conferências introdutórias sobre psicanálise (continuação). *Edição Standard Brasileira das Obras Psicológicas Completas de Sigmund Freud*, v. XVI. Rio de Janeiro: Imago, 1976u.

FREUD, Sigmund. Os chistes e sua relação com o inconsciente. *Edição Standard Brasileira das Obras Psicológicas Completas de Sigmund Freud*, v. VIII. Rio de Janeiro: Imago Editora, 1977a.

FREUD, Sigmund. Projeto para uma psicologia científica. *Edição Standard Brasileira das Obras Psicológicas Completas de Sigmund Freud*, v. I. Rio de Janeiro: Imago Editora, 1977b

GARCIA, Arlete. O que escreve a fobia? In: *Revista da Letra Freudiana, Hans e a Fobia*, Rio de Janeiro, v. XVII, n. 24, 1999.

GARCIA, Célio. Eu era criança e não sabia. *Jornal Dardo*, n. 5. Belo Horizonte: Publicação do Centro de Estudos Galba Veloso, 1992.

GARCIA, Célio. *Psicologia jurídica: operadores do simbólico*. Belo Horizonte: Del Rey, 2004.

GARCIA, Célio. Um lugar teórico para a noção de jogo, Belo Horizonte, inédito.

GERMÁN, Garcia. Infância: Niños/Niñas. In: *Psicoanálisis con niños*. Centro Pequeño Hans. Buenos Aires: Atuel, 1995, p. 21.

GOUVÊA, Cristina. *A construção da criança na literatura*. 1997. Tese (Doutorado em Educação) – Faculdade de Educação, Universidade Federal de Minas Gerais, Belo Horizonte, 1997.

GUIMARÃES, Lêda. *O desejo do analista na escuta dos pais na psicanálise com crianças: o que pode um analista?* III Encontro Brasileiro do Campo Freudiano. Salvador: Vozes, 1991.

HOUAISS, Antônio. Dicionário da língua portuguesa, Instituto Antônio Houaiss, Rio de Janeiro: Editora Objetiva, 2001.

KUHLMANN, Moysés Jr.; FERNANDES, Rogério. Sobre a história da infância. In: FARIA FILHO, Luciano Mendes (Org.). *A infância e sua educação: materiais, práticas e representações (Portugal e Brasil)*. Belo Horizonte: Autêntica, 2004. p. 15-33.

KLEIN, Melanie. *Psicanálise da criança*. 2. ed. São Paulo: Mestre Jou, 1975.

KLEIN, Melanie. *Contribuições à psicanálise*. São Paulo: Mestre Jou, 1981.

KUPFER, Maria Cristina M. No texto: a transmissão do pai e suas consequências para a clínica com crianças. In: BERBARDINO, Leda Mariza F. (Org.). *Psicanalisar crianças: que desejo é esse?* Salvador: Ágalma 2004.

LACAN, Jacques. Seminário XVI, De um outro ao Outro, inédito, 1969.

LACAN, Jacques. *O Seminário, Livro 11: Os quatro conceitos fundamentais da psicanálise*. Rio de Janeiro: Zahar, 1979.

LACAN, Jacques. *O Seminário, Livro 11: Os quatro conceitos fundamentais da psicanálise*. Rio de Janeiro: Zahar, 1981.

LACAN, Jacques. *O Seminário, Livro 20: Mais, ainda*. Rio de Janeiro: Zahar, 1985a.

LACAN, Jacques. *O mito individual do neurótico*. Lisboa: Assírio & Alvim, 1987.

LACAN, Jacques. Conferência de Genebra sobre o Sintoma. In: *Lacan, intervenciones y textos*. Espanha: Manantial, 1988a. v. 2.

LACAN, Jacques. *O Seminário, Livro 7: A ética da psicanálise*. Rio de Janeiro: Zahar, 1988b.

LACAN, Jacques. O *Seminário Livro 8: A transferência*. Rio de Janeiro: Zahar, 1992.

LACAN, Jacques. *O Seminário, Livro 4: A relação de objeto*. Rio de Janeiro: Zahar, 1995.

LACAN, Jacques. *Escritos*. Rio de Janeiro: Zahar, 1998.

LACAN, Jacques. De uma questão preliminar a todo tratamento possível da psicose. In: ___. *Escritos*. Tradução Vera Ribeiro. Rio de Janeiro: Zahar, 1998.

LACAN, Jacques. Subversão do sujeito e dialética do desejo no inconsciente freudiano. In: ___. *Escritos*. Tradução Vera Ribeiro. Rio de Janeiro: Zahar, 1998.

LACAN, Jacques. *O Seminário, Livro 5: As formações do inconsciente*. Rio de Janeiro: Zahar, 1999.

LACAN, Jacques. Notas sobre a criança. *Outros escritos*. Rio de Janeiro: Zahar, 2003.

LACAN, Jacques. O *Seminário, Livro 10: A angústia*. Rio de Janeiro: Zahar, 2005.

LACAN, Jacques. *O Seminário, Livro 23: O Sinthoma*. Rio de Janeiro: Zahar, 2007.

LACAN, Jacques. *O Seminário, Livro 16: De um outro a outro*. Rio de Janeiro: Zahar, 2008.

LAMBERT, Ana Maria. O que faz história para um sujeito. *Revista Fort-Da*, Rio de Janeiro, 1995.

LAZNIK-PENOT, Marie Christine. *Rumo à palavra: três crianças autistas em psicanálise*. São Paulo: Escuta, 1997.

LAURENT, Éric. Sobre a técnica do jogo, mimeo, 1986.

LAURENT, Éric. El objeto en el psicoanalisis com niños. *El Analiticón*, Barcelona, n. 3, p. 91-101, 1987.

LEFORT, Robert; LEFORT, Rosine. Histería y obsessión en la cura con los niños. Cuarto Encuentro Internacional Del Campo Freudiano, *Histería Y Obsessión*. Buenos Aires: Manatial, 1986.

LEFORT, Robert *et al*. Traços de perversão e estruturas clínicas na prática com crianças. *Falo, Revista Brasileira do Campo Freudiano*, v. 3, n. 4/5. Salvador: Fator, 1991.

LEFORT, Robert; LEFORT, Rosine. *O nascimento do Outro*. Salvador: Fator, 1984.

LEWIS, Melvin. *Tratado de psiquiatria da infância e adolescência*. Porto Alegre: Artes Médicas, 1995.

LISPECTOR, Clarice. *A legião estrangeira*. São Paulo: Rocco, 1999.

LLANSOL, Maria Gabriela. *Entrevistas*. Belo Horizonte: Autêntica, 2011.

LOBOSQUE, Ana Marta. *Princípios para uma clínica antimanicomial e outros escritos*. São Paulo: Hucitec, 1997.

LOBOSQUE, Ana Marta. O sujeito, o singular e o espaço público. In: LOBOSQUE, Ana Maria; SILVA (Org.). *Saúde mental: marcos conceituais e campos de prática*. Belo Horizonte: Conselho Regional de Psicologia, 2013.

LONDOÑO, Fernando T. A origem do conceito Menor. In: DEL PRIORE, Mary (Org.). *História da criança no Brasil*. 4. ed. São Paulo: Contexto, 1996.

MAHLER, Margaret. *O processo de separação – individuação*. Porto Alegre: Artes Médicas, 1982.

MANNONI, Maud. *A primeira entrevista em psicanálise*. Rio de Janeiro: Campus, 1983.

MARTINS, Geraldo Majela. *O perfume das acácias*. Belo Horizonte: Casa Cambuquira, 1997.

MARTINS, José de Souza. Concepções culturais do trabalho. In: TEIXEIRA, Maria Eneide *et all*. *Crianças e Adolescentes Trabalhadores*. Brasília: CECIP, 2003. p. 30-33.

MASSON, Jeffrey. *A correspondência completa de Sigmund Freud para Wilhelm Fließ*, 1887. Rio de Janeiro: Imago, 1986.

MESSIAS, Cláudia O. A clínica com bebês e seus pais: uma experiência na saúde pública. In: FERREIRA, Tânia (Org.). *A criança e a saúde mental: enlaces entre a clínica e a política.* Belo Horizonte: Autêntica/Fumec, 2004. p. 51-60.

MOURA, Esmeralda Blanco Bolsonaro de. Crianças operarias na recém-industrializada São Paulo. In: PRIORE, Mary Del (Org). *História das crianças no Brasil.* São Paulo: Contexto, 2006.

NOMINÉ, Benard. *O sintoma e a família: conferências belorizontinas.* Belo Horizonte: Publicação da Escola Brasileira de Psicanálise de Minas Gerais, 1997.

PERRONE-MOISÉS, Leila. *Flores na escrivaninha.* Rio de Janeiro: Companhia das Letras, 1978.

PLUMB, J. H. The Great Change in Children. *Horizon,* v 13, n. 1, Winter: 1971.

POMMIER, Gérard. *O desenlace de uma análise.* Rio de Janeiro: Zahar, 1987.

POSTMAN, Neil. *O desaparecimento da infância.* Rio de Janeiro: Graphia, 1999.

PRADO, Adélia. Grande desejo. In: ___. *Poesia reunida.* São Paulo: Siciliano, 1991.

RIBEIRO, Jeanne M.; COUTO, Maria Cristina. *O autismo como enigma,* inédito.

ROUSSEAU, Jean Jacques. *Emílio ou a educação.* Rio de Janeiro: DISEL, 1979.

ROZA, Eliza S. *Quando brincar é dizer: a experiência psicanalítica na infância.* São Paulo: Relume Dumará, 1993.

SAURET, Marie-Jean. *O infantil e a estrutura.* São Paulo: Publicação da Escola Brasileira de Psicanálise, 1997.

SILVA, Maria Anita. *Analisa-se uma criança.* 1985. Tese (Doutorado em Psicologia). Pontifícia Universidade Católica de São Paulo, São Paulo, 1985.

SOLER, Colette. *Artigos clínicos: transferência, interpretação, psicose.* São Paulo: Fator, 1991a.

SOLER, Colette. *Estudios sobre las psicosis.* Buenos Aires: Manantial, 1991b.

SOLER, Colette. *O desejo do psicanalista: onde está a diferença?* Bahia: Escola Brasileira de Psicanálise da Bahia, 1997. Coletânea.

SOLER, Colette. O desejo do psicanalista: onde está a diferença? Tradução Sônia Campos Magalhães. *La Lettre mensuelle,* Paris, ECF, n. 131 p. 10-12, jul. 1994.

SOLER, Colette. L'enfant et le désir de l'anayste [A criança e o desejo do analista]. *Séries de la Découverte Freudienne,* n. 17, 1994. Traduzido e publicado pela Escola Brasileira de Psicanálise, Minas Gerais, 1998.

SOUZA, Auduísio (Org.); FLÉCHET, Martine Lerude. Algumas observações sobre os sintomas da criança. *Psicanálise de crianças: interrogações clínico/teóricas.* Porto Alegre: Artes Médicas, 1989. v. 1.

STRAUSS, Marc. *Apuntar a la división subjetiva: el sujeto y el goce en la psicoses – Que hacer del psicoanalista.* Jornadas del Campo Freudiano en Barcelona. Argentina: Manantial, 1987.

TAVARES, Maria Antunes *et al.* Projeto de Saúde Mental da Criança e do Adolescente da Prefeitura Municipal de Betim, inédito.

TEIXEIRA, Angela B. (Org.). *Desenho: por que não? O desenho no tratamento analítico de crianças sob um enfoque lacaniano*. Salvador: Ágalma, 1996. Coleção psicanálise da criança.

TEIXEIRA, Angela B. (Org.). *Do pai e da mãe*. Salvador: Ágalma, 1993. Coleção psicanálise da criança.

TENDLARZ, Silvia E. *De que sofrem as crianças? A psicose na infância*. Rio de Janeiro: Sette Letras, 1997.

VALAS, Patrick. O que é uma criança? In: MILLER, Judith. *A criança no discurso analítico*. Rio de Janeiro: Zahar, 1991.

VALAS, Patrick. *Freud e a perversão*. Rio de Janeiro: Zahar, 1997.

VAN USSEL, Jos. *Repressão sexual*. Rio de Janeiro: Campos, 1980.

VEIGA, Cynthia Greive. Infância e modernidade: ações, saberes e sujeitos. In: FARIA FILHO, Luciano Mendes (Org.). *A infância e sua educação: materiais, práticas e representações (Portugal e Brasil)*. Belo Horizonte: Autêntica, 2004. p. 35-82.

VIDAL, Eduardo; VIDAL, Maria Cristina. O que o autista nos ensina: considerações sobre a alienação. *Revista da Letra Freudiana, O Autismo*. Rio de Janeiro, v. XIV, n. 14, 1995.

VIDAL, Eduardo. Sobre o fantasma. *Revista da Letra Freudiana, Hans: Direção da Cura – Psicanálise com criança e adolescente*, Rio de Janeiro, v. X, n. 9, 1992.

VINHEIRO, Vera. Neurose infantil: trauma e traço. *Revista da Letra Freudiana, Hans: Neurose infantil*, Rio de Janeiro, v. XV, n. 19/20, 1997.

VORCARO, Angela. *A criança na clínica psicanalítica*. Rio de Janeiro: Companhia de Freud, 1997.

WANDERLEY, Daniele (Org.); LAZNIK-PENOT, Marie-Christine. *Poderíamos pensar numa prevenção da síndrome autística? Palavras em torno do berço*. Salvador: Ágalma, 1997.

WINNICOTT, D. W. *Da pediatria à psicanálise*. Rio de Janeiro: Francisco Alves, 1978.

WINNICOTT, D. W. *O brincar e a realidade*. Rio de Janeiro: Imago, 1975.

WINNICOTT, D. W. Um caso tratado em casa. In: WINNICOTT, D. W. *Da pediatria à psicanálise*. Rio de Janeiro: Imago, 2000.

Este livro foi composto com tipografia Bembo e impresso
em papel Avena 80 g/m² na Formato Artes Gráficas.